REGENSBURGER HISTORISCHE FORSCHUNGEN

herausgegeben von Dieter Albrecht, Heinz Angermeier, Andreas Kraus, Adolf Lippold, Kurt Reindel, Walter Torbrügge

Band 3

ANDREAS KRAUS

CIVITAS REGIA
DAS BILD REGENSBURGS IN DER DEUTSCHEN GESCHICHTSSCHREIBUNG DES MITTELALTERS

VERLAG MICHAEL LASSLEBEN KALLMÜNZ OPF.

1972

ANDREAS KRAUS

CIVITAS REGIA

Das Bild Regensburgs in der deutschen Geschichtsschreibung des Mittelalters

VERLAG MICHAEL LASSLEBEN KALLMÜNZ OPF.

1972

ISBN 3 7847 4003 0

Herstellung: Buchdruckerei Michael Laßleben, Kallmünz

VORWORT

Die vorliegende Arbeit stellt die erweiterte Fassung eines Vortrags dar, der für den Deutschen Historikertag zu Regensburg 1972 vorbereitet wurde. Eine Begrenzung des Stoffes war dabei unerläßlich; nur jene Zeugnisse wurden beigezogen, die das mittelalterliche Regensburg in Beziehung setzen zum deutschen Königtum. Die ungleich reicheren Nachrichten über das kirchliche Leben der Stadt konnten nicht berücksichtigt werden.

Ein methodischer Mangel bedarf der Entschuldigung. Die besondere Stellung Regensburgs wie das Maß typologischer Übereinstimmung wäre nur durch ausgedehnten Vergleich mit vergleichbaren Städten erfaßbar, doch dazu fehlte die Zeit. Auch das volle Bild der historischen Wirklichkeit, an sich notwendiges Korrektiv literarischer Aussagen, kann nicht geboten werden, es hätte die Untersuchung zu sehr belastet. Der Versuch schließlich, die Motive und ihre Umwandlung durch mehrere Jahrhunderte hin zu verfolgen, im Zusammenhang zu sehen, was bisher nach Epochen und Stilgattungen isoliert war, bedingt die Vernachlässigung der engeren Zeitbezüge; das gewonnene Ergebnis wird das Wagnis hoffentlich rechtfertigen.

Mir bleibt noch die Pflicht zu vielfältigem Dank. Die Mitarbeiter an meinem Lehrstuhl, unter ihnen besonders Herr Peter Schmid, haben mich bei den Vorarbeiten in steter Bereitschaft unterstützt. Meinen Regensburger Kollegen bin ich verbunden für die Aufnahme der Arbeit in unsere Reihe. Die Drucklegung wurde nur ermöglicht durch großzügige Spenden des Oberpfälzischen Bezirkstags, welche der Regierungspräsident der Oberpfalz, Herr Dr. Ernst Emmerig, wie der Präsident des Oberpfälzischen Bezirkstags, Herr Johann Pösl, vermittelten, der Industrie- und Handelskammer Regensburg, der Volksbank Regensburg und der Energieversorgung Ostbayern AG. sowie durch einen beträchtlichen Druckkostenzuschuß des Bayer. Staatsministeriums für Unterricht und Kultus. Dafür sei auch an dieser Stelle verbindlichster Dank gesagt.

Regensburg, 13. Juli 1972. Andreas Kraus

INHALTSVERZEICHNIS

VERZEICHNIS DER WIEDERHOLT ZITIERTEN QUELLEN

Alberti Milioli notarii Regini Cronica imperatorum, hg. von O. HOLDER-EGGER, MGH SS XXXI (Hannover 1903) S. 580–667.

Andreas von Regensburg, Sämtliche Werke, hg. von G. LEIDINGER, QE NF I (1903).

Annales Admuntenses, hg. von W. WATTENBACH, MGH SS IX (1851) S. 569–579.

Annales Alamannici, hg. von G. H. PERTZ, MGH SS I (1826) S. 22–30, 40–44.

Annales Altahenses Maiores, hg. von E. v. OEFELE, MGH SS rer. Germ. IV (^{2}1891).

Annales Augustani, hg. von G. H. PERTZ, MGH SS III (1839) S. 123–136.

Annales Augustani Minores, hg. von G. H. PERTZ, MGH SS X (1852) S. 8–11.

Annales Bertiniani, hg. von G. WAITZ, MGH SS rer. Germ. V (1883).

Annales St. Disibodi, hg. von G. WAITZ, MGH SS XVII (1861) S. 4–30.

Annales qui dicuntur Einhardi, hg. von F. KURZE, MGH SS rer. Germ. VI (1895).

Annales St. Emmerami Ratisponensis Maiores, hg. von G. H. PERTZ, MGH SS I (1826) S. 91–94.

Annales St. Emmerami Minores, hg. von G. WAITZ, MGH SS XIII (1881) S. 47–48.

Annales St. Emmerami saeculi XI., hg. von Ph. JAFFE, MGH SS XVII (1861) S. 571.

Annales Ensdorfenses, MGH SS X (Hannover 1852) S. 4–8.

Annales Fuldenses, hg. von F. KURZE, MGH SS rer. Germ. VII (1891).

Annales Gradicenses et Opatowicenses, hg. von W. WATTENBACH, MGH SS XVII (1861) S. 643–653.

Annales Guelferbytani, hg. von G. H. PERTZ, MGH SS I (1826) S. 23–31, 40–44, 45–46.

Annales Hildesheimenses, hg. von G. WAITZ, MGH SS rer. Germ. VIII (1878).

Annales Isingrimi Maiores, MGH SS XVII (1861) S. 312–315.

Annales ex annalibus Juvavensibus antiquis excerpti, hg. von H. BRESSLAU, MGH SS XXX, 2 (1934) S. 727–744.

Annales Juvavenses Maiores, hg. von G. H. PERTZ, MGH SS I (1826) S. 87–88; MGH SS III (1839) S. 122.

Annales Juvavenses Minores, hg. von G. H. PERTZ, MGH SS I (1826) S. 88, 89; MGH SS III (1839) S. 122.

Annales Laureshamenses, hg. von G. H. PERTZ, MGH SS I (1826) S. 22–39.

Annales Lobienses, hg. von G. WAITZ, MGH SS XIII (1881) S. 224–235.

Annales Magdeburgenses, hg. von G. H. PERTZ, MGH SS XVI (1859) S. 105–196.

Annales Marbacenses, hg. von H. BLOCH, MGH SS rer. Germ. IX (1907).

Annales Matseenses, hg. von W. WATTENBACH, MGH SS IX (1851) S. 823–837.

Annales Maximiniani, hg. von G. WAITZ, MGH SS XIII (1881) S. 19–25.

Annales Mellicenses, hg. von W. WATTENBACH, MGH SS IX (1851) S. 480–501.

Annales Mettenses Priores et Posteriores, hg. von B. v. SIMSON, MGH SS rer. Germ. X (1905).

Annales Mosellani, hg. von I. M. LAPPENBERG, MGH SS XVI (1859) S. 491–499.

Annales Ottenburani, hg. von G. H. PERTZ, MGH SS V S. 1–9.

Annales Palidenses, hg. von G. H. PERTZ, MGH SS XVI (1859) S. 48–98.

Annales Patherbrunnenses. Eine verlorene Quellenschrift des 12. Jahrhunderts aus Bruchstücken wiederhergestellt von P. SCHEFFER-BOICHORST (1870).

Annales Pegavienses et Bosovienses, hg. von G. H. PERTZ, MGH SS XVI (1859) S. 232–257.

Annales Petaviani, hg. von G. H. PERTZ, MGH SS I (1826) S. 7, 9, 11, 13, 15–18.

Annales Ratisponenses, hg. von W. WATTENBACH, MGH SS XVII (1861) S. 577–590.

Annales Regni Francorum, hg. von F. KURZE, MGH SS rer. Germ. VI (Hannover 1895).

Annales Reicherspergenses, hg. von W. WATTENBACH, MGH SS XVII (1861) S. 443–476.

Annales Rosenveldenses, hg. von G. H. PERTZ, MGH SS XVI (Hannover 1859) S. 99–104.

Annales St. Rudberti Salisburgenses, hg. von W. WATTENBACH, MGH SS IX (Hannover 1851) S. 758–810.

Annales St. Rudberti Salisburgenses, continuatio Weichardi de Polhaim, hg. von W. WATTENBACH, MGH SS IX (Hannover 1851) S. 810–818.

Annales Sangallenses Maiores, hg. von I. v. ARX, MGH SS I (Hannover 1826) S. 72–85.

Annales Scheftlarienses Maiores, hg. von Ph. JAFFE, MGH SS XVII (Hannover 1861) S. 335–343.

Annales et Notae Scheftlarienses, hg. von Ph. JAFFE, MGH SS XVII (1861) S. 334–350.

Annales Stederburgenses auctore Gerhardo praeposito, hg. von G. H. PERTZ, MGH XVI (1859) S. 197–231.

Annales Vedastini, hg. von G. H. PERTZ, MGH SS I (1826) S. 516–531.

Annales Wernheri aliorumque Tegernseenses, hg. von G. WAITZ, MGH SS XXIV (1879) S. 58–59.

Annales breves Wormatienses, MGH SS XVII (1861) S. 74–79.

Annales Xantenses et Annales Vedastini, hg. von B. v. SIMSON, MGH SS rer. Germ. XII (1909).

Annales Zwetlenses Brevissimi, hg. von G. WAITZ, MGH SS XXIV (1879) S. 63.

Annalista Saxo, hg. von G. WAITZ, MGH SS VI (1844) S. 542–777.

Annalium S. Aegidii Brunsvicensium excerpta, hg. von L. v. HEINEMANN, MGH SS XXX, 1 (1896) S. 6–15.

Annalium Guelferbytanorum pars altera, hg. von G. H. PERTZ, MGH SS I (1826) S. 45–46.

Annalium Quedlinburgensium continuatio, hg. von G. H. PERTZ, MGH SS III (1839) S. 22–90.

Annalium Ratisbonensium Maiorum fragmentum, hg. von G. WAITZ, MGH SS rer. Germ. IV ([2]1891) S. 87–91.

Annalium Tilianorum pars altera, hg. von G. H. PERTZ, MGH SS I (1826) S. 219–224.

Annalium veterum fragmenta partim ex Mettensibus desumpta, hg. von G. WAITZ, MGH SS XIII (1881) S. 26–33.

Anonymi Ratisbonensis Farrago Historica rerum Ratisponensium ab anno Christi DVIII usque ad annum Christi MDXIX, A. F. OEFELE, Rerum Boicarum scriptores II (Augsburg 1763) S. 498–523.

Anonymi Ratisbonensis Translatio S. Dionysii Areopagitae, hg. von R. KÖPKE, MGH SS XI (1854) S. 343–371.

Anonymus Haserensis de episcopis Eichstetensibus, hg. von L. C. BETHMANN, MGH SS VII (Hannover 1846) S. 253–266.

Arnoldi Chronica Slavorum, hg. von G. H. PERTZ, MGH SS rer. Germ. XIV (1868).

Ex Arnoldi libris de St. Emmerammo, hg. von G. WAITZ, MGH SS IV (1841) S. 543–574.

Arnoldi Miracula S. Emmerami, Acta SS. Sept. VI S. 495–511.

Veit Arnpeck, Sämtliche Werke, hg. von G. LEIDINGER, QE NF III (1915).

Auctarium Cremifanense, hg. von W. WATTENBACH, MGH SS IX (1851) S. 550–554.

Auctarium Ekkehardi Altahense, hg. von Ph. JAFFE, MGH SS XVII (1861) S. 360–365.

Auctarium Garstense, hg. von W. WATTENBACH, MGH SS IX (1851) S. 561–569.

Auctarium Lambacense, hg. von W. WATTENBACH, MGH SS IX (1851) S. 555–556.

AVENTIN s. J. TURMAIR.

Bayerische Chroniken des 14. Jahrhunderts, hg. von G. LEIDINGER, MGH SS rer. Germ. XIX (1918).

Bernoldi Chronicon, hg. von G. H. PERTZ, MGH SS V (1844) S. 385–467.

Bertholdi Annales, hg. von G. H. PERTZ, MGH SS V (1844) S. 264–326.

J. F. BÖHMER, Regesta imperii. Die Urkunden Kaiser Ludwigs d. Baiern, König Friedrich d. Schönen und König Johanns von Böhmen. Bd. VII (Frankfurt 1839). Ergänzungsband (Innsbruck 1865).

J. F. BÖHMER, Fontes rerum Germanicarum III (1853).

A. BRACKMANN, Germania Pontificia I. Provincia Salisburgensis et Episcopatus Tridentinus (1911).

Brunos Buch vom Sachsenkrieg, hg. von W. WATTENBACH, MGH SS rer. Germ. XV (^{2}1880).

Canonici Wissegradensis continuatio Cosmae, hg. von R. KÖPKE, MGH SS IX (1851) S. 132–148.

Canonicorum Pragensium continuationes Cosmae, hg. von R. KÖPKE, MGH SS IX (1851) S. 163–166.

Catalogi Archiepiscoporum Coloniensium, hg. von H. CARDAUNS, MGH SS XXIV (1879) S. 332–362.

Chounradi Chronicon Schirense, hg. von Ph. JAFFE, MGH SS XVII (1861) S. 615–623.

Chounradi Schirensis Annales, hg. von Ph. JAFFE, MGH SS XVII (1861) S. 629–633.

Chronica Regia Coloniensis, hg. von G. WAITZ, MGH SS rer. Germ. XVIII (1880).

Chronica Magistri Rogeri de Houedene, hg. von W. STUBBS, Rerum Britannicarum Medii Aevi Scriptores LI (1868–1871) (Rolls Series).

Chronica Sigeberti Gemblacensis, hg. von L. C. Bethmann, MGH SS VI (1844) S. 300–374.

Chronicon Benedictoburanum, hg. von W. Wattenbach, MGH SS IX (1851) S. 210–238.

Chronicon Magni Presbyteri, hg. von W. Wattenbach, MGH SS XVII (1861) S. 476–523.

Chronicon Moissiacense, von G. H. Pertz, MGH SS I (1826) S. 280–313.

Chronicon Montis Sereni, hg. von E. Ehrenfeuchter, MGH SS XXIII (1874) S. 130–226.

Chronicon Ottenburanum, hg. von L. Weiland, MGH SS XXIII (1874) S. 609–630.

Chronicon Suevicum Universale, hg. von H. Bresslau, MGH SS XIII (1881) S. 61–72.

Chronicon Universale cum continuatione (Annalibus Maximinianis), hg. von G. Waitz, MGH SS XII (1881) S. 1–25.

Chronicon Vedastinum, hg. von G. Waitz, MGH SS XIII (1874) S. 677–709.

Die Chronik des Matthias von Neuenburg, hg. von A. Hofmeister, MGH SS rer. Germ. NS IV (1924).

Continuatio Admuntensis, hg. von W. Wattenbach, MGH SS IX (1851) S. 579–593.

Continuatio Claustroneoburgensis I, hg. von W. Wattenbach, MGH SS IX (1851) S. 607–613.

Continuatio Claustroneoburgensis II, hg. von W. Wattenbach, MGH SS IX (1851) S. 613–624.

Continuatio Claustroneoburgensis III, hg. von W. Wattenbach, MGH SS IX (1851) S. 628–637.

Continuatio Claustroneoburgensis VI, hg. von W. Wattenbach, MGH SS IX (1851) S. 742–746.

Continuatio Cremifanensis, hg. von W. Wattenbach, MGH SS IX (1851) S. 544–549.

Continuatio Garstensis, hg. von W. Wattenbach, MGH SS IX (1851) S. 593–600.

Continuatio Gerlaci Abbatis Milovicensis, hg. von W. Wattenbach, MGH SS XVII (1861) S. 683–710.

Continuatio Praedicatorum Vindobonensium, hg. von W. Wattenbach, MGH SS IX (1851) S. 724–732.

Continuatio Vindobonensis, hg. von W. Wattenbach, MGH SS IX (1851) S. 698–722.

Continuatio Zwetlensis prima, hg. von W. Wattenbach, MGH SS IX (1851) S. 537–538.

Continuatio Zwetlensis altera, hg. von W. Wattenbach, MGH SS IX (1851) S. 541–544.

Continuationes Weingartenses Chronicorum Hugonis et Honorii, hg. von L. Weiland, MGH SS XXI (1869) S. 473–480.

Cosmas von Prag, Chronik der Böhmen, hg. von B. Bretholz, MGH SS rer. Germ. NS II (1923).

Cronica St. Petri Erfordensis Moderna, hg. von O. Holder-Egger, MGH SS XXX, 1 (1896) S. 335–457.

Cronica Reinhardsbrunnensis, hg. von O. Holder-Egger, MGH SS XXX, 1 (1896) S. 490–656.

Cronica Fratris Salimbene de Adam Ordinis Minorum, hg. von O. Holder-Egger, MGH SS XXXII (Hannover 1905–1913) S. 1–652.

A. DÜRRWAECHTER, Die Gesta Karoli Magni der Regensburger Schottenlegende (Bonn 1897).

Eberhardi Archidiaconi Ratisponensis Annales, hg. von Ph. JAFFE, MGH SS XVII (1861) S. 591–605.

Einhardi Vita Karoli, hg. von G. WAITZ, MGH SS rer. Germ. XXV ([6]1911).

Ekkehardi Chronicon Universale, hg. von G. WAITZ, MGH SS VI (1844) S. 33–231, 231–265.

Ekkehardi Chronicon Wirziburgense, hg. von G. WAITZ, MGH SS VI (1844) S. 17–32.

Flores Temporum auctore fratre ordine minorum, hg. von O. HOLDER-EGGER, MGH SS XXIV (1879) S. 226–250.

Fragmentum de Arnulfo duce Bavariae, K. REINDEL, Die Bayerischen Luitpoldinger 893–989, QE NF XI (München 1953) S. 112.

Gerhardi Vita S. Oudalrici episcopi Augustani, hg. von G. WAITZ, MGH SS IV (1841) S. 377–428.

Gesta Archiepiscoporum Magdeburgensium, hg. von G. SCHUM, MGH SS XIV (1883) S. 361–486.

Gesta Archiepiscoporum Salisburgensium, hg. von W. WATTENBACH, MGH SS XI (1854) S. 25–84.

Gesta Episcoporum Cameracensium, hg. von L. C. BETHMANN, MGH SS VII (1846) S. 393–525.

Giselberti Chronicon Hanoniense, hg. von G. H. PERTZ, MGH SS rer. Germ. XXIX (1869).

Gotifredi Viterbiensis continuatio Funiacensis et Eberbacensis, hg. von G. WAITZ, MGH SS XXII (1872) S. 342–349.

Gotifredi Viterbiensis Pantheon, hg. von G. WAITZ, MGH XXII (1872) S. 107–307.

Gumpoldi Vita Vencezlavi Ducis Bohemiae, hg. von G. H. PERTZ, MGH SS IV (1861) S. 211–223.

Heinricus Dapifer de Diessenhoven, J. F. BÖHMER, Fontes rerum Germanicarum IV (1868) S. 16–126.

Heinrich Taube, Chronica, hg. von H. BRESSLAU, MGH SS rer. Germ. NS I (1922).

Helmoldi Presbyteri Bozoviensis Cronica Slavorum, hg. von B. SCHMEIDLER, MGH SS rer. Germ. XXXII ([3]1937).

Henricus de Hervordia, Liber de rebus memorabilioribus sive Chronicon, hg. von A. POTTHAST (1859).

Herimanni Augiensis Chronicon, hg. von G. H. PERTZ, MGH SS V (1844) S. 67–133.

Hermanni Altahensis Annales, hg. von Ph. JAFFE, MGH SS XVII (1861) S. 381–407.

Hermanni Altahensis Annales, continuatio Ratisbonensis, hg. Ph. JAFFE, MGH SS XVII (1861) S. 416–420.

Hermanni Altahensis Continuatio tertia, hg. v. G. WAITZ, MGH SS XXIV (1874) S. 53–57.

Historia Cremifanensis, hg. von G. WAITZ, MGH SS XXV (1880) S. 623–637.

Historia de expeditione Friderici, hg. von A. CHROUST, MGH SS rer. Germ. NS V (1928) S. 1–115.

Historia Hirsaugiensis monasterii, hg. von G. WAITZ, MGH SS XIV (1883) S. 249–261.

Historia Peregrinorum, hg. von A. CHROUST, MGH SS rer. Germ. NS V (1928) S.116–172.

Historia Welforum, hg. von E. KÖNIG (Stuttgart-Berlin 1938).

Ph. JAFFE, Regesta Pontificum Romanorum I ([2]1885).

Ph. JAFFE, Monumenta Bambergensia (Bibliotheca rer. Germ. V), 1869.

Johann von Viktring, Liber certarum historiarum, hg. von F. SCHNEIDER, SS rer. Germ. 36, 2, 1910.

Johann von Winterthur, Chronicon, hg. von F. BAETHGEN, MGH SS rer. Germ. NS III (1924).

Kaiserchronik eines Regensburger Geistlichen, hg. von E. SCHRÖDER, MGH Deutsche Chroniken I (Berlin 1964).

Konrad von Megenberg, Traktat de Limitibus Parochiarum Civitatis Ratisbonensis, hg. von Ph. SCHNEIDER (1906).

J. B. KRAUS, Ratisbona monastica, Liber Probationum, [4]1752.

Lamberti Parvi Annales, hg. v. G. H. PERTZ, MGH SS XVI (1859) S. 645–650.

Lamperti Monachi Hersfeldensis Annales, hg. von O. HOLDER-EGGER, MGH SS rer. Germ. XXXVIII ([3]1894).

Das Leben des Bischofs Meinwerk von Paderborn, hg. von F. TENCKHOFF, MGH SS rer. Germ. LIX (1921).

Liber Probationum, s. J. B. KRAUS.

Mariani Scotti Chronicon, MGH SS V (1844) S. 481–562.

Ad Mariani Scotti Chronicon additamentum, hg. von G. WAITZ, MGH SS VIII (1848) S. 72–79.

Mariani Scotti Chronicon continuatio I, hg. von G. WAITZ, MGH SS V (1844) S. 562.

Meginfredi Vita S. Emmerami, Acta SS. Sept. VI, S. 486–494.

Monachi Sazavensis continuatio Cosmae, hg. von R. Köpke, MGH SS IX (1851) S. 148–163.

Monumenta Erphesfurtensia, hg. von O. HOLDER-EGGER, MGH SS rer. Germ. XLII (1899).

Narratio de Electione Lotharii in regem Romanorum, hg. von L. BETHMANN, MGH SS XII (1856) S. 410–414.

Notae St. Emmerammi, hg. von Ph. JAFFE, MGH SS XVII (1861) S. 572–576.

Notae St. Emmerammi, hg. von O. HOLDER-EGGER, MGH SS XV, 2 (1888) S. 1093–1099.

Notker der Stammler, Taten Kaiser Karls des Großen, hg. von H. F. HAEFELE, MGH SS rer. Germ. NS XII (Berlin 1962).

Ex Odonis de Deogilo libro de via Sancti Sepulchri a Ludovico VII Francorum rege suscepta, hg. von G. WAITZ, MGH SS XXVI (1882) S. 59–73.

F. A. v. OEFELE, Rerum Boicarum Scriptores, 2 Bde. (Augsburg 1763).

Österreichische Chronik von den 95 Herrschaften, hg. von J. SEEMÜLLER, MGH Deutsche Chroniken VI (Hannover-Leipzig 1909).

Otloh, Vita S. Wolfkangi, hg. von G. H. PERTZ, MGH SS IV (1842) 521–542.

Otloh, Vita S. Bonifatii, hg. v. W. LEVISON, MGH SS rer. Germ. LVII, 1905.

Ottonis de sancto Blasio Chronica, hg. von A. HOFMEISTER, MGH SS rer. Germ. XLVII (1912).

Ottonis episcopi Frisingensis Chronica sive Historia de duabus civitatibus, hg. von A. HOFMEISTER, MGH SS rer. Germ. XLV, ²1912.

Ottonis et Rahewini, Gesta Friderici I imperatoris, hg. von B. v. SIMSON, MGH SS rer. Germ. XLVI (³1912).

Poetae Saxonis Annales de Gestis Caroli Magni Imperatoris, hg. von G. H. PERTZ, MGH SS I (1826) S. 225–279.

Die Quirinalien des Metellus von Tegernsee, hg. von P. Ch. JACOBSEN (Leiden 1965) (= Mittellateinische Studien und Texte I).

Ex Radulfi de Diceto Lundoniensis decani operibus historicis, hg. von R. PAULI, MGH SS XXVII (1885) S. 249–293.

Reginonis Abbatis Prumiensis Chronicon cum continuatione Treverensi, hg. von F. KURZE, MGH SS rer. Germ. L (1890).

K. REINDEL, Die bayerischen Luitpoldinger 893–989, QE NF XI (München 1953).

Sicardi episcopi Cremonensis Cronica, hg. von O. HOLDER-EGGER, MGH SS XXXI (1903) S. 22–181.

STREITEL, Hieronymus s. Anonymi Ratisbonensis Farrago Historica.

Thietmar von Merseburg, Chronicon. Die Chronik des Bischofs Thietmar von Merseburg und ihre Korveier Überarbeitung, hg. von R. HOLTZMANN, MGH SS rer. Germ. NS IX (²1955).

Johannes TURMAIR's genannt AVENTINUS sämtliche Werke, hg. von S. RIEZLER, 5 Bde., (München 1881–1886).

Vincentii Pragensis Annales, hg. von W. WATTENBACH, MGH SS XVII (1861) S. 658–683.

Vita Altmanni episcopi Pataviensis, hg. von W. WATTENBACH, MGH SS XII (1856) S. 226–243.

Vita Bennonis II. episcopi Osnabrugensis auctore Norberto abbate Iburgensi, hg. von R. WILMANS, MGH SS XII (1856) S. 58–84.

Vita Godehardi episcopi posterior, hg. von G. H. PERTZ, MGH SS XI (1854) S. 196–218.

Vita Godehardi episcopi Hildesheimensis prior auctore Wolfherio, hg. von G. H. PERTZ, MGH SS XI (1854) S. 162–221.

Vita Heinrici II. imperatoris et miracula auctore Adalberto diacono Babenbergensi, hg. von G. WAITZ, MGH SS IV (1841) S. 792–811.

Vita Heinrici IV. imperatoris, hg. von W. WATTENBACH, MGH SS XII (1856) S. 268–283.

Vita Hrodberti episcopi Salisburgensis, hg. von W. LEVISON, MGH SS rer. Merov. VI (1913) S. 140–162.

Vita Ottonis episcopi Bambergensis auctore Ebbone, hg. von R. KÖPKE, MGH SS XII (1856) S. 822–883.

Vita Ottonis episcopi Bambergensis, auctore monacho Prieflingensi, hg. von R. KÖPKE, MGH SS XII (1856) S. 883–903.

Vita vel passio Haimhrammi episcopi et martyris Ratisbonensis, hg. von B. KRUSCH, MGH SS rer. Germ. XIII (Hannover 1920) S. 1–99.

Widukind von Korvei, Rerum gestarum Saxonicarum libri tres. Die Sachsengeschichte des Widukind von Korvei, hg. von H. E. LOHMANN - P. HIRSCH, MGH SS rer. Germ. LX (⁵1935).

Ex Willelmi Neuburgensis Historia Anglicana, hg. von F. LIEBERMANN - R. PAULI, MGH SS XXVII (1885) S. 221–248.

Die Werke Wipos, hg. von H. BRESSLAU, MGH SS rer. Germ. LXI (^{3}1915).

VERZEICHNIS MEHRFACH ZITIERTER LITERATUR

H. ANGERMEIER, Königtum und Landfriede im deutschen Spätmittelalter, 1966.

F. BAETHGEN, Eine neue Rezension der Regensburger Annalen (Medievalia II) 1960, 299–310.

B. BISCHOFF, Literarisches und künstlerisches Leben in St. Emmeram (Regensburg) während des frühen und hohen Mittelalters (Mittelalterliche Studien II) 1967, 77–114.

A. BRACKMANN, Die Kurie und die Salzburger Kirchenprovinz. Studien und Vorarbeiten zur Germania Sacra, 1912.

H. BRESSLAU, Jahrbücher des Deutschen Reiches unter Konrad II., 2 Bde., 1879/84.

C. BRÜHL, Fodrum, Gistum, Servitium regis, 1968.

C. BRÜHL, Königspfalz und Bischofsstadt im Frühmittelalter (Rhein. Vjbll. 23) 1958, 161–274.

C. BRÜHL, Zum Hauptstadtproblem im frühen Mittelalter (Festschr. f. H. Keller) 1963, 45–70.

R. BUDDE, Die rechtliche Stellung des Klosters St. Emmeram in Regensburg zu den öffentlichen und kirchlichen Gewalten vom 9. bis zum 14. Jh. (A. f. Urkundenforschung 5) 1914, 153–238.

P. CLASSEN, Bemerkungen zur Pfalzenforschung am Mittelrhein (Deutsche Königspfalzen I) 75–96.

Deutsche Königspfalzen 1/2 (Veröff. d. Max-Planck-Instituts f. Gesch. 11) 1963/65.

E. DÜMMLER, Geschichte des ostfränkischen Reiches III. Die letzten Karolinger. Konrad I., 1888².

E. DÜMMLER, Gedichte aus Münchener Handschriften (NA 7) 1882, 605–608.

A. DÜRRWAECHTER, Die Gesta Karoli Magni der Regensburger Schottenlegende, 1897.

J. A. ENDRES, Beiträge zur Kunst- und Kulturgeschichte des mittelalterlichen Regensburg, o. J.

L. FALKENSTEIN, Der „Lateran" der karolingischen Pfalz zu Aachen, 1966.

H. FICHTENAU, Vom Verständnis der römischen Geschichte bei deutschen Chronisten des Mittelalters (Fschr. P. E. Schramm I) 1964, 401–419.

J. FICKER - P. PUNTSCHART, Vom Reichsfürstenstande II/2, Neudruck 1961.

R. FOLZ, Le souvenir et la légende de Charlemagne dans l'Empire germanique médieval, Paris 1950.

K. Th. GEMEINER, Regensburgische Chronik, 4 Bde., 1800–1824, neu hrg. v. H. ANGERMEIER, 1971.

E. GIEGLER, Das Genos der Laudes urbium im lateinischen Mittelalter. Beiträge zur Topik des Städtelobes und der Stadtschilderung, Phil. Diss. Masch. Würzburg 1953.

A. GRAU, Der Gedanke der Herkunft in der deutschen Geschichtsschreibung des Mittelalters, 1938.

E. GUGLIA, Die Geburts-, Sterbe- und Grabstätten der römisch-deutschen Kaiser und Könige, 1914.

G. HABLE, Geschichte Regensburgs. Eine Übersicht nach Sachgebieten, 1970.

W. HAMMER, The Concept of the New or Second Rome in the Middle Ages (Speculum 19) 1944, 50–62.

Das Hauptstadtproblem in der Geschichte (Festgabe zum 90. Geburtstag F. Meineckes) 1952.

F. HEIDINGSFELDER, Heinrichs II. Beziehungen zu Regensburg (VO 75) 1925, 89–118.

H. HEIMPEL, Deutsches Mittelalter, 1941.

B. HEUSINGER, Servitium regis in der deutschen Kaiserzeit (AUF 8) 1923, 26–159.

M. HEUWIESER, Die Entwicklung der Stadt Regensburg im Frühmittelalter (VO 76) 1925, 73–194.

H. HIRSCH, Die Vita Altmanni episcopi Pataviensis (Jb. f. Landeskunde von Niederösterreich NF 15/16) 1917, 349–366.

S. HIRSCH, Jahrbücher des Deutschen Reiches unter Heinrich II., 3 Bde., 1862–1875.

K. JACOB, Quellenkunde der deutschen Geschichte im Mittelalter, bearb. v. H. Hohenleutner, 2 Bde., 1959–68^{6}.

F. JANNER, Geschichte der Bischöfe von Regensburg, 3 Bde., 1883/86.

K. JORDAN, Sachsen und das deutsche Königtum im Mittelalter (HZ 210) 1970.

E. KLEBEL, Regensburg (Vorträge und Forschungen IV, hg. v. Th. Mayer) 1958, 87–104.

H. W. KLEWITZ, Die Festkrönungen der deutschen Könige (ZfRG Kan. Abt. 28) 1939, 48–96; auch als Sonderausgabe der Wissensch. Buchges. Darmstadt 1966.

H. KOLLER, Die Residenz im Mittelalter (Jb. f. Gesch. d. oberdt. Reichsstädte, Esslinger Studien 12/13) 1966/67.

A. KRAUS, Die Translatio S. Dionysii Areopagitae von St. Emmeram in Regensburg (Sb. d. Bayer. A. d. W., Phil.-hist. Kl.) 1972.

O. KUHN, Bayern in England. Studien zur Wirkung eines partiellen Deutschlandbildes von der irischen Frühmission bis Ende des Dreißigjährigen Krieges auf die englische Romanliteratur des 18. u. 19. Jh., 1971.

G. LEIDINGER, Der Codex Aureus der Bayer. Staatsbibliothek München, 1925.

G. LEIDINGER, Bernardus Noricus. Untersuchungen zu den Geschichtsquellen von Kremsmünster und Tegernsee (Sb. d. Bayer. A.d. W., Phil.-hist. Kl.) 1917.

A. LHOTSKY, Quellenkunde zur mittelalterlichen Geschichte Österreichs, 1963.

M. MANITIUS, Geschichte der lateinischen Literatur des Mittelalters II, 1923.

M. MANITIUS, Bemerkungen zu verschiedenen Quellenschriften (NA 13) 1888, 633–647.

G. MATTHÄI, Die Klosterpolitik Heinrichs II., 1877.

Th. MAYER, Fürsten und Staat. Studien zur Verfassungsgeschichte des deutschen Mittelalters, 1950 (Neudruck 1969).

Th. MAYER, Das deutsche Königtum und sein Wirkungsbereich (Das Reich und Europa, hg. v. F. Hartung) 1943^{2}, 52–63. (=Mittelalterliche Studien) 1959, 28–44.

H. Menhardt, Der Nachlaß des Honorius Augustodunensis (Z. f. dt. Altertum u. dt. Lit. 89) 1958/59, 23–69.

H. Menhardt, Regensburg, ein Mittelpunkt der deutschen Epik des 12. Jahrhunderts (Z. f. dt. Altertum u. dt. Lit. 89) 1958/59, 271–274.

E. Meuthen, Kirchen- und Heilsgeschichte bei Gerhoh von Reichersberg, 1959.

E. Meuthen, Karl der Große – Barbarossa – Aachen. Zur Interpretation des Karlsprivilegs für Aachen (Karl der Große IV) 1968, 54–76.

E. Meuthen, Aachen in der Geschichtsschreibung (Speculum Historiale, Fschr. f. J. Spörl) 1965, 375–392.

G. Meyer von Knonau, Jahrbücher des Deutschen Reiches unter Heinrich IV. und Heinrich V., 7 Bde., 1890–1909.

F. Neumann, Wann entstanden Kaiserchronik und Rolandslied (Zschr. f. dt. Altertum u. dt. Lit. 91) 1962, 263–329.

E. F. Ohly, Sage und Legende in der Kaiserchronik, 1968².

H. C. Peyer, Friedrich Barbarossa, Monza und Aachen (DA 8) 1951, 438–460.

H. C. Peyer, Das Reisekönigtum des Mittelalters (Vjschr. f. Sozial- u. WG 51) 1964, 1–21.

M. Piendl, Fontes monasterii s. Emmerami Ratisbonensis. Bau- und kunstgeschichtliche Quellen (Thurn u. Taxis-Studien I) 1961, 1–184.

M. Piendl, Die Pfalz Kaiser Arnulfs bei St. Emmeram in Regensburg (Thurn und Taxis-Studien II) 1962, 95–126.

H. Raisch, Die Bedeutung der karolingischen Königspfalzen in Regensburg für das Königtum (Ostbair. Grenzmarken) 1967.

O. Redlich, Rudolf von Habsburg, 1903.

K. Reindel, Bayern im Karolingerreich (Karl der Große I) 1965, 220–246.

K. Reindel, Die Bayerischen Luitpoldinger, QE NF XI, 1953.

H. J. Rieckenberg, Königsstraße und Königsgut in liudolfingischer und frühsalischer Zeit (AUF 17) 1942, 32–154.

S. Rietschel, Das Alter der von Köpke edierten Translatio sancti Dionysii Ariopagitae (NA 29) 1904, 641–651.

S. Riezler, Geschichte Baierns I, 1927².

W. Schlesinger, Die Pfalzen im Rhein-Main-Gebiet (GWU 16) 1965, 487–504.

W. Schlesinger, Merseburg (Deutsche Königspfalzen I) 1963, 158–206.

P. Schmid, Die Regensburger Reichsversammlungen im Mittelalter, Zulassungsarbeit (Masch.) Regensburg 1971.

R. Schmidt, Königsumritt und Huldigung in ottonisch-salischer Zeit (Vorträge und Forschungen VI, hg. v. Th. Mayer) 1961, 97–233.

Ph. Schneider, Konrads von Megenberg Traktat De limitibus parochiarum civitatis Ratisbonensis, 1906.

P. E. Schramm, Geschichte des englischen Königtums im Lichte der Krönung, 1937.

A. Schulte, Pavia und Regensburg (HJb. 52) 1932, 465–476.

M. Spindler, Handbuch der Bayerischen Geschichte, 3 Bde., 1967/71.

J. Spörl, Grundformen hochmittelalterlicher Geschichtsanschauung, 1935.

E. Steindorff, Jahrbücher des deutschen Reiches unter Heinrich III., 2 Bde., 1874/81.

G. Swarzenski, Die Regensburger Buchmalerei des X. und XI. Jahrhunderts, [2]1960.

J. Sydow, Der Regensburger Markt im Früh- und Hochmittelalter (HJb. 80) 1961, 60–92.

H. Thomas, Studien zur Trierer Geschichtsschreibung des 11. Jahrhunderts, 1968.

H. v. Walderdorff, Regenburg in seiner Vergangenheit und Gegenwart, [4]1896.

W. Wattenbach, Mitteilungen aus zwei Handschriften der k. Hof- und Staatsbibliothek (Sb. d. Bayer. A. d. W., Phil.-hist. Kl.) 1873, 685–747.

W. Wattenbach - R. Holtzmann, Deutschlands Geschichtssquellen im Mittelalter, hg. v. F. J. Schmale, 3 Bde., 1967/71.

W. Wattenbach - W. Levison, Deutschlands Geschichtsquellen im Mittelalter, 1952/53.

H. Weber, Die Reichsversammlungen im ostfränkischen Raum, 1962.

C. Weltsch-Weishut, Der Einfluß der Vita S. Dionysii Areopagitae des Abtes Hilduin von St. Denis auf die hagiographische Literatur, phil. Diss. Masch. München 1922.

A. Werminghoff, Conrad Celtis und sein Buch über Nürnberg, 1921.

K. Zeumer, Die deutschen Städtesteuern, insbesondere die städtischen Reichssteuern im 12. und 13. Jahrhundert, 1878.

ABKÜRZUNGSVERZEICHNIS

Abh.	Abhandlung(en)
AKG	Archiv für Kulturgeschichte, 1903 ff.
AUF	Archiv für Urkundenforschung, 1908 ff.
Clm	Codex Latinus Monacensis
DA	Deutsches Archiv für Erforschung des Mittelalters, 1937 ff.
D(D)	Diploma(ta)
GWU	Geschichte in Wissenschaft und Unterricht, Zeitschrift des Verbandes der Geschichtslehrer Deutschlands, 1950 ff.
HJb	Historisches Jahrbuch der Görresgesellschaft, 1880 ff.
HZ	Historische Zeitschrift, 1859 ff.
Jb.	Jahrbuch
MGH	Monumenta Germaniae Historica
MIÖG	Mitteilungen des Instituts für österreichische Geschichtsforschung, 1880 ff.
NA	Neues Archiv der Gesellschaft für ältere deutsche Geschichtskunde, 1876–1935
NF	Neue Folge
NS	Nova series
PL	J. P. Migne, Patrologiae cursus completus, series Latina, 1844 ff.
QE	Quellen und Erörterungen zur bayerischen und deutschen Geschichte, 1856 ff.
Reg.	Regest(en)
Sb.	Sitzungsbericht der Akademie der Wissenschaft
SS	Scriptores, bzw. MGH Scriptores
SS rer. Germ.	Scriptores rerum Germanicarum
SS.	Sanctorum
StMBO	Studien und Mitteilungen zur Geschichte des Benediktinerordens und seiner Zweige, 1880 ff.
S. W.	Sämtliche Werke
VSWG	Vierteljahrsschrift für Sozial- und Wirtschaftsgeschichte, 1903 ff.
VO	Verhandlungen des Historischen Vereins von Oberpfalz und Regensburg, 1838 ff.
ZBLG	Zeitschrift für bayerische Landesgeschichte, 1928 ff.
ZRG	Zeitschrift der Savigny-Stiftung für Rechtsgeschichte, Germanistische Abteilung 1880 ff., Kanonistische Abteilung 1911 ff.

1. Kapitel

Das Genos der Laudes urbium und Regensburg

1502, auf dem Höhepunkt einer Entwicklung, welche die Reichsstadt Nürnberg für kurze Zeit an die Spitze nicht nur der oberdeutschen Städte führte, sondern wohl an die erste Stelle unter den Städten des Reichs, wenn man alles zusammennimmt, den Glanz und die Majestät des Stadtbildes, den Reichtum der führenden Schicht, die gewerbliche Rührigkeit der Bürger, den Ruhm seiner großen Künstler, die ohne Konkurrenten waren nördlich der Alpen, aber auch die geistige Ausstrahlung seiner Humanisten und Mathematiker, gab Conrad Celtis ein kleines Büchlein zum Druck, das den Titel trug: „De origine, situ, moribus et institutis Norimbergae"[1]. Von Celtis war jedoch kein Werk nüchterner topographischer Gelehrsamkeit zu erwarten, wie sie die Zeit in großer Zahl hervorbrachte[2]; sein Buch ist der glanzvollste Hymnus auf Ruhm und Größe einer Stadt, den der deutsche Humanismus kennt[3]. Mochte Celtis dabei auch in typischem Humanistenhochmut den Anspruch erheben, durch sein Werk Nürnberg unsterblich zu machen, so hat er doch die hergebrachten Stilgesetze der Literaturgattung, wie sie für die Humanisten vorbildlich etwa Enea Silvio entwickelt hatte[4], streng gewahrt. Die präzise topographische Beschreibung, die Charakterisierung der Stadt und ihrer Bewohner, ihrer Sitten und Gebräuche, der Herrschaftsformen und des gewerblichen und wirtschaftlichen Lebens machen den historischen Wert des Buches aus. Rat und Bürgerschaft des damaligen Nürnberg wichtiger war aber das unverhüllte Loblied auf den Reichtum und die Größe der Stadt, auf die Pracht ihrer Bauten, auf den Gewerbefleiß und den Kunstsinn der Bürger, auf ihre politische Macht; ihre eigentliche Würde aber war begründet in ihrem hohen Alter, im Glanz der kaiserlichen Gegenwart, die mit den Reichsinsignien gegeben war, und nicht zuletzt mit den Heiligtümern der Stadt und ihren frommen Hütern.

[1] A. Werminghoff, Conrad Celtis und sein Buch über Nürnberg, 1921 (Ausgabe).

[2] G. Strauss, Sixteenth-Century Germany. Its Topography and Topographers, Madison 1959.

[3] Parallelen bei Werminghoff 62 ff.; L. Geiger, Renaissance und Humanismus in Italien und Deutschland [o. J.] 471 ff.; G. Voigt, Die Wiederbelebung des klassischen Altertums II, 1960[4], 512 ff.

[4] G. Voigt, Enea Silvio II, 1862, 304 ff.; Ders., Wiederbelebung II 514 ff.

Zwei volle Kapitel des Buches beschäftigen sich mit diesem letzten Thema, und das ohne jeden Versuch einer Kritik, für Celtis ungewöhnlich; in der Tat wirkt hier einfach weiter, was bei den literarischen Vorgängern zu finden war. Es ist die mittelalterliche Sicht der Stadt[5], der sich auch der Humanist Celtis nicht entziehen kann, weil er stofflich völlig vom Mittelalter abhängt[6], von dem „Spruch auf Nürnberg" (1447) eines Hans Rosenplüt, vom Lobgedicht auf Nürnberg (1490) des Meistersingers Kuntz Has, von der „Descriptio Nurembergae" (1492) des Losungsschreibers Georg Alt und der Gedankenfolge der Beschreibung Nürnbergs im „Buch der Croniken" des Nürnberger Arztes Hartmann Schedel (1493).

Wie wenig die Literaturgattung des Städtelobs rein humanistischer Herkunft war, wie stark hier eine mittelalterliche Tradition lebendig geblieben war, zeigt sich vor allem bei dem wohl größten Nebenbuhler von Celtis — in unserer engeren Thematik —, bei seinem Schüler Johannes Aventinus. In Wettstreit mit Celtis zu treten, hat die Humanisten immer gereizt; in Nürnberg selbst wagten sich bis 1532 an seine Nachfolge Christoph Scheurl[7], Johannes Cochlaeus[8], Hans Sachs[9] und Eobanus Hessus[10], doch war keiner ebenbürtig. Gleiche Wirkung war nur zu erzielen, wenn ein neues Objekt gewählt wurde. Doch nicht diese Erkenntnis veranlaßte Aventin, sich 1528 an Regensburg zu versuchen[11]. Er hat es zwar auch in größerem Rahmen mit Celtis aufzunehmen gewagt, seine Bemühungen um eine Germania illustrata gehen auf Pläne und Anregungen von Celtis zurück[12], doch Aventin verband mit Regensburg weit mehr als Celtis mit Nürnberg, auch wenn dessen Themenwahl nicht nur durch eine literarisch verlockende Aussicht bestimmt war, sondern auch durch enge persönliche Beziehungen — Celtis ist 1487 dort, als erster Deutscher, vom Kaiser mit dem Dichterlorbeer geschmückt worden. Aventin wurde in der Nähe Regens-

5 H. Schmidt, Die deutschen Städtechroniken als Spiegel des bürgerlichen Selbstverständnisses im Spätmittelalter, 1958.

6 Werminghoff 70 ff.

7 Libellus de Laudibus Germaniae, Bologna 1506 — Leipzig 1508.

8 Germaniae descriptio, 1512.

9 Lobspruch der Stadt Nürnberg, 1530, hg. von A. v. Keller, Hans Sachs IV, 1870, 189 ff.

10 Noriberga Illustrata, 1532, hg. von J. Neff, Helius Eobanus Hessus, Noriberga Illustrata und andere Städtegedichte, 1896.

11 Von dem herkomen der statt Regenspurg, S. W., hg. von der Bayer. Akad. d. Wiss. I, 1881, 257—297.

12 G. Leidinger, Zur Geschichte der Entstehung von Aventins „Germania Illustrata" und dessen „Zeitbuch über ganz Teutschland" (Sb. der Bayer. A. d. W., Phil.-hist. Kl.) 1935, H. 3. Zu Aventins Grabmal s. J. A. Endres, Beiträge 199—204.

burgs geboren, in Abensberg, er ist in Regensburg gestorben (1534), sein Grabmal, das dem Epitaph des Celtis im Stephansdom zu Wien in nichts nachsteht, findet sich im Vorhof zu St. Emmeram. 1528 siedelte Aventin, der, gerade ohne feste Anstellung, sich damals in seiner Heimatstadt aufhielt und wegen seiner religiösen Haltung belästigt wurde, nach Regensburg über, seine Schrift über die Gründung und die ersten Jahrhunderte der Stadt Regensburg hat er damals in Regensburg verfaßt, ohne, wie es scheint, politische oder finanzielle Vorteile daraus zu ziehen — worauf Celtis bekanntlich großen Wert legte. Das war auch schlecht möglich; es gab 1528 niemand in Regensburg, den zu rühmen sich gelohnt hätte, der Rat war machtlos, die Bürgerschaft verarmt, der Klerus verängstigt. Wer Regensburg preisen wollte, mußte, wie Ostrofrancus, der Geschichtsschreiber von St. Emmeram, in seiner Geschichte der Regensburger Judenvertreibung von 1529, aus Unglück und Elend der Gegenwart einer einst so berühmten Stadt, wie er sagte, flüchten in die Großartigkeit und Macht alter Zeiten [13]. Aventin spielt auf diese Gegenwart nicht an, er beruft sich auf die Aufgabe des Historikers, „der alten geschehen ding war [zu] nemen, die selbigen in ewige gedechtnus" [14] zu bringen, ein Auftrag, den er unmittelbar aus den heiligen Büchern ableitet und den er weitergibt an alle Obrigkeiten, da von der Erkenntnis des Geschehenen das rechte Handeln in der Zukunft abhänge. Sein Lobpreis der Stadt Regensburg unterscheidet sich damit grundlegend von der Norimberga des Celtis, der die Gegenwart preist, ohne von der Vergangenheit mehr zu berichten als die Gründungssage und wenige literarisch dankbare Anekdoten. Die Würde Regensburgs liegt für Aventin begründet in der Geschichte, im hohen Alter der Stadt, die er zurückführt bis vor die Römer, in ihrer einstigen Größe, durch welche sie allen deutschen Städten voranstand [15], in ihren Heiligtümern, die dank der Glaubenspredigt des Apostelschülers Lucius in Regensburg zurückreichen bis in die Anfänge des Christentums, vor allem in ihrer Bedeutung als „hauptstat" Bayerns, als „metropolis, das ist die mueterstat, darauß al ander stet in disem land geporn und geschloffen sein". Genügt das bereits zur Begründung des unvergleichlichen

[13] [Christophorus HOFFMANN], De Ratisbona Metropoli Boioariae et subita ibidem Iudaeorum proscriptione, 1519, p. a. II: „quondam inclitae urbis nostrae Ratisbonae, magnificentia et potentia quibus olim praedita fuerat, ut cui nunc succumbit calamitati et miseriae ...".

[14] S. W. I 258.

[15] Ebd. I 259 ff., besonders 282: „Es ist auch, wie die alten beschreiben, Regenspurg die gröst stat im reich an menig des volks gewesen ..."; ähnlich III 222, V 327, 339; zur Quelle, welche AVENTIN hier benutzt, die Vita des Erzbischofs Eberhard von Salzburg, siehe Seite 114.

Rangs der „gar alten stat Regenspurg, dergleichen an der ganzen Danau, so weit sie in verre land rint, nindert ist, auch im ganzen reich an vestem, altem gebeu und gelegenhait des lands"?[16] Der eigentliche Rang der Stadt Regensburg, neben welcher nicht einmal Wien bestehen könne, geschweige denn Nürnberg[17] oder eine andere spät erst hochgekommene Stadt, beruht auf ihrer besonderen Erwählung als Stadt der Kaiser. Noch in der Einleitung nennt Aventin Karl d. Gr., „der das kaisertom in Teutschland pracht, vil allhie in diser stat Regenspurg hoff gehalten hat"[18], und er führt die Darstellung der Geschichte Regensburgs und Bayerns nicht weiter als bis zum Ausgang des großen Kaisers, bis zum Vertrag von 803 mit Ostrom, den Aventin nach Regensburg verlegt, in welchem die beiden Kaiser „das römisch reich mit einander" teilten[19] — damit ist der Charakter der Stadt ein für allemal geprägt. Sie ist, als Gründung des Kaisers Tiberius, einst „Augusta Tiberii" genannt[20], die Stadt der Könige und Kaiser. Neben Köln, Mainz und Trier tritt seit Karl d. Gr. Regensburg[21].

In seinen Annalen und in der bayerischen Chronik führt Aventin das Thema, das hier angeschlagen ist, mit vollen Registern durch; wie seine Schrift über Regensburg sich ausweitete zur Geschichte Bayerns, so fällt ihm die Geschichte des Landes wieder auf weite Strecken zusammen mit der Geschichte seiner Hauptstadt, und wenn seine bayerische Geschichte immer wieder zur Geschichte des Reiches wird, so deshalb, weil Regensburg der Schauplatz dieser Geschichte gewesen ist. So enden die Laudes Ratisbonae bei Aventin erst mit dem Ausgang seines großen Geschichtswerkes, damit gewinnt aber sein Regensburg-Bild, das die ganze Tiefe der mittelalterlichen Geschichte bewahrt, ein erdrückendes Übergewicht über die Beschreibung Nürnbergs durch Celtis, die als geschlossenes literarisches Kunstwerk, durch die Eleganz der lateinischen Diktion, durch die Bildhaftigkeit des Ausdrucks und die Lebendigkeit der Schilderung die Regensburg-Schrift Aventins so sehr überragt. Das ist nicht allein ein Verdienst

[16] S. W. I 257.

[17] Ebd. V 327: „Es war auch dieselbig zeit [1132] Regenspurg die mächtigest stat an volk, wie ietzo Nuremberg mag sein und noch mächtiger, wie die alten gepeu und schrift des zeuknus geben."

[18] Ebd. I 259.

[19] Ebd. 293 f.; Zur Einschätzung Karls d. Gr. durch Aventin s. G. Strauss, Historian in an age of Crisis. The life and work of Johannes Aventinus 1477–1534, 1963, 145; A. Kraus, Tassilo und Karl d. Gr. in der bayerischen Geschichtsschreibung des 17. Jahrhunderts (Festschrift Max Spindler) 1969, 465 ff.

[20] S. W. I 262; s. auch S. 52.

[21] Ebd. V 141.

des Historikers Aventin, der ungleich tiefer als der Dichter Celtis mit der Vergangenheit zu leben verstand; ohne den Reichtum an mittelalterlichen Zeugnissen zur Geschichte Regensburgs, die Aventin zur Verfügung standen, hätte auch ihm die Kraft nicht gereicht.

Daß das Bild, das Aventin von Regensburg geformt hat, nichts anderes als jenes Bild ist, das bereits mittelalterliche Geschichtsschreiber gestaltet haben, mag dennoch überraschen. Aber die Fäden zwischen den Zeiten sind weit dichter, als es ein sorgsam nach Epochen abgeteiltes Geschichtsbild zeigt. Es gab nicht nur den Einfluß der antiken Literatur auf die humanistische Geschichtsschreibung und Topographie, schon das frühe Mittelalter führte die antike Literaturgattung der Laudes urbium in ungebrochener Intensität weiter[22]; mögen auch vor allem Gallien und Italien diese Tradition bewahrt haben, so steht doch, besonders mit dem hohen Mittelalter, Deutschland keineswegs am Rande der Entwicklung. Schon unter Karl d. Gr. entsteht der Lobpreis Aachens, der „Roma secunda" und „sedes regia"[23], das heilige Köln rühmen von Luitprand von Cremona bis zu Enea Silvio viele Geschichtsschreiber[24]. Es wäre verwunderlich gewesen, wenn diese Stimmen ohne Einfluß auf das Selbstverständnis der gerühmten Städte geblieben wären. Von Thietmar von Merseburg, der — wohl kaum als erster — vom heiligen Köln spricht, übernimmt es sehr bald die Kölner Reimchronik, der Kölner Erzbischof Rainald von Dassel erhärtet 1164 bei der Translatio der heiligen Könige diese Feststellung und be-

[22] E. Giegler, Das Genos der Laudes urbium im lateinischen Mittelalter, Phil. Diss. Würzburg Masch., 1953.

[23] Karolus Magnus et Leo Papa, v. 94: „Roma secunda"; v. 98: „venturae moenia Romae" (Karolus Magnus et Leo Papa, Studien u. Quellen z. westfäl. Gesch. 8, 1966, 66, hg. v. F. Brunhölzl); Chronicon Moissiacense a. a. 800, 815 p. 304, 312; Barbarossa-Privileg von 1166 I 8; dazu E. Meuthen, Karl der Große 56 Anm. 24; W. Kaemmerer, Die Aachener Pfalz Karls d. Gr. in Anlage und Überlieferung (Karl der Große I) 1965, 322; L. Falkenstein, Der „Lateran" der karolingischen Pfalz zu Aachen, 1966, 97 f.; vgl. auch Giegler 46 ff.; W. Hammer, The Concept of the New or Second Rome in the Middle Ages (Speculum 19) 1944, 56; C. Brühl, Königspfalz 163; Ders., Fodrum 150 ff., 623 f.

[24] Vgl. Werminghoff 10 Anm. 3 a; Thietmar von Merseburg 186: „Heriberto sanctae Agripinae archiepiscopo ..."; Chronici rhythmici Coloniensis fragmenta, M. G. H. SS rerum Germ. XVIII 308: „Sanctaque Colonia ..."; Luitprand von Cremona 100: „ipsas insuper nobilissimas civitates Agrippinam, quae nunc Colonia vocatur ..."; Vita Heinrici IV. 41 f.: Colonia, quae quasi caput inter alias urbes eminebat"; Enea Silvio, Germania 50: „Colonia ... nihil magnificentius, nihil ornatius tota Europa reperias, templis, aedibus nobilis, populo insignis, opibus clara, plumbo tecta, pretoriis ornata, turribus munita, flumine Rheno et letis circum agris lasciviens"; vgl. auch ebd. 33. Wilhelm von Malmesbury, Gesta pontificum Angliae (PL 179 col. 1670): „Colonia est civitas maxima, totius metropolis Germaniae". Vgl. auch E. Giegler 78. S. auch S. 67 Anm. 53.

gründet sie mit der Heiligkeit der Kölner Kirche[25], bis schließlich das große Siegel der Stadt Köln[26] das Epitheton „heilig" zum selbstverständlichen Besitz stempelt. Aachen, das nach den glanzvollen Höhepunkten der ottonischen Zeit ständig tiefer in den Schatten Kölns trat, für das die Geschichtsschreiber seit dem Ausgang der Karolingerzeit immer weniger Beachtung fanden, gewann mit dem Karlskult der Barbarossa-Zeit ein erneuertes Selbstgefühl; im Barbarossa-Privileg von 1166, das ein gefälschtes Karlsprivileg aufnimmt und wohl auf die Initiative des Aachener Propstes Otto, eines Verwandten Barbarossas, zurückgeht, wird der ganze Anspruch der lange vergessenen Hauptstadt des Reiches wieder erneuert[27]. „Sedes et caput regni" nennt dann das Privileg Barbarossas von 1174 die Aachener Kirche, die Aachener Bürger aber fühlen sich jetzt als „cives regalis sedis Aquensis"[28]. Am eindrucksvollsten ist dieses Selbstverständnis geformt in der Aachener Karlshymne, die zwischen 1165 und 1215 entstanden ist: „urbs Aquensis, urbs regalis / Regni sedes principalis, / Prima regum curia"[29]. Wie in Köln basiert das erhöhte Selbstgefühl jetzt auf dem einzigartigen Heiligtum der Stadt, den Gebeinen Karls d. Gr., und auf der einzigartigen Tradition als sedes regia. Auch Trier[30], noch öfter als Aachen als „Roma secunda" bezeichnet, erhob noch im 11. Jahrhundert Anspruch auf den Vorrang vor allen Kirchen Galliens und Germaniens, ein Anspruch, der begründet wurde durch das Alter und die Bedeutung der Stadt, durch die Gründung des Bistums durch einen Schüler des Hl. Petrus wie durch seine Heiligen. Ein Anspruch auf politischen Vorrang wurde in Trier nicht mehr erhoben, obgleich die Erinnerung an die Spätantike mit der Glanzzeit Triers als Kaiserresidenz noch nicht geschwunden war. Doch das mittelalterliche Selbstverständnis Triers war aus der Hagiographie erwachsen, so findet sich

[25] „Sacratissima ecclesia civitasque Coloniensis" (H. J. Floss, Dreikönigsbuch, 1864, 113; Meuthen, Karl d. Gr. 60 Anm. 67, 64 Anm. 103).

[26] W. Ewald, Siegelkunde, 1914, T. 33, 3; T. Diederich, Das älteste Kölner Stadtsiegel aus dem 12. Jahrhundert (Aus Kölnischer u. rheinischer Geschichte, Fschr. A. Güttsches) 1969, 51–80: „Sancta Colonia Dei gratia Romane ecclesie fidelis filia" (1149).

[27] Druck: H. Loersch, bei G. Rauschen, Die Legende Karls d. Gr. im 11. und 12. Jahrhundert (Public. d. Ges. f. Rhein. Geschichtskunde 7) 1890, 154–160; W. Kaemmerer, Quellentexte zur Aachener Geschichte I, 1958, 9–16; zur Interpretation s. Meuthen, Karl d. Gr. Aachen wird in beiden Diplomen genannt: „Regia sedes", „caput Galliae trans alpes", „caput omnium civitatum", „sacra civitas".

[28] Meuthen, Karl d. Gr. 65, 68.

[29] E. Meuthen, Aachen in der Geschichtsschreibung (Speculum Historiale. Festschrift Johannes Spörl) 1965, 379. Die Verse Analecta Hymnica 55, 1922, 224.

[30] Hammer 54 ff.; Giegler 50 ff.; H. Thomas, Studien zur Trierer Geschichtsschreibung des 11. Jahrhunderts, 1968, 162 ff., 185, 238.

auch der eindrucksvollste Lobpreis Triers in einem Heiligenleben, der Vita S. Willibrordi des Thiofried von Echternach, gegen Ende des 11. Jahrhunderts: „Treveris est ingens urbs", „altera Roma", „caput Europae"[31].

Regensburg gehört nun tatsächlich ebenfalls in diese erhabene Reihe, wie Aventin richtig erkannt hat. Wie bei Aachen, Köln und Trier stehen auch für Regensburg die Zeugnisse für ein bewußt gebildetes Selbstverständnis der Stadt nicht am Anfang. Hier wie dort bedurfte man in einer Zeit kraftvoll pulsierenden Lebens der Selbstbestätigung durch literarisch geformte Ansprüche nicht; in der Zeit des energischen Ausgreifens über die östlichen Grenzen hinaus, mit den Nachkommen Karls d. Gr., kommt es nicht einmal zur Niederschrift der von Regensburg ausgehenden großen Bewegungen in der Stadt selbst. Gestalten von der geistigen Kraft eines Baturich werden im Zentrum der Entwicklung selbst gebraucht, Baturich wird Erzkapellan Ludwigs des Deutschen[32], es ist die Zeit des Handelns und Herrschens, nicht der Reflexion. Nicht einmal das erste große Zeugnis bewundernden Staunens hat in Regensburg selbst zunächst ein Echo erzeugt. Das Lob der Stadt Regensburg, das Bischof Arbeo von Freising um 765 in seiner Vita des Hl. Emmeram äußert, nachempfunden norditalienischen Vorbildern und aufgebaut aus allen antiken Topoi der Laudes-Literatur[33], ist zwar ungleich verhaltener als der Hymnus auf Aachen ein halbes Jahrhundert später in dem Epos „Karolus Magnus et Leo Papa". Jeder Vergleich mit vergleichbaren Städten anderer Gegenden, die der Beschreibung beziehungsvolle Tiefe hätten geben können, fehlt, Regensburg wird unmittelbar angesprochen und ohne weitere Kunstmittel beschrieben. Um 765 bot sich freilich auch noch kein vergleichbares Objekt an, Rom wäre doch zu hoch gegriffen gewesen, auch vor Karl d. Gr., Köln und Trier waren damals wahrscheinlich in schlechterem Erhaltungszustand als jene Stadt, die Arbeo beschreibt[34]. „Aus behauenen Steinen ist sie aufgerichtet", das ist das wichtigste Kennzeichen, das auch zuerst genannt wird. In dieser Eigenschaft ist die andere begründet: „Sie ist zur festen Hauptstadt dieses Volkes geworden". Der gewählte Ausdruck ist „Metropolis"[35]. Daß damit Besonderes gesagt sein soll,

[31] Acta SS. Nov. III, 492; dazu THOMAS 185.

[32] J. FLECKENSTEIN, Die Hofkapelle der deutschen Könige, 1959, 168, 179 ff.

[33] S. die Zusammenstellung dieser Topoi bei E. R. CURTIUS, Europäische Literatur und lateinisches Mittelalter, [5]1965, 166 f.; GIEGLER 90 ff.; zu den oberitalienischen Vorbildern s. ebd. 31 ff. Besonders in Betracht kommen vor allem die „Versus de Mediolano Civitate", MGH Poetae I 25 („quadrata ex ruppibus"; „metropolis").

[34] Vita vel passio Haimhrammi Episcopi et Martyris Ratisbonensis, 32, 35; die Übersetzung folgt B. BISCHOFF, Leben und Leiden des Hl. Emmeram, 1953, 12 f.

[35] Metropolis als Hauptstadt bzw. Vorort s. Deutsches Rechtswörterbuch V, 1953/60, 351.

ist nicht anzunehmen, so hießen in der Spätantike die Vororte der Provinzen. Die Aussage selbst, vor allem in ihrer besonderen Form der Kennzeichnung als Hauptstadt, hat jedoch dann, in ihrer Aufnahme durch Regensburg selbst, den Kern des Regensburger Selbstverständnisses gebildet. Auch die weitere Beschreibung, die geradezu zum Hymnus wird, hat ihre Wirkung gehabt: „Die Stadt, die wir vorher erwähnt haben, Radaspona, war uneinnehmbar, aus Quadersteinen erbaut, mit hochragenden Türmen, mit Brunnen reich versehen. Im Norden bespült sie die Donau, die in geradem Lauf gegen Osten strömt. Das bergige Umland war fruchtbar an Obst und bot Weiden und saftiges Gras, das Waldgebirge war mit wilden Tieren bevölkert und das Unterholz mit Hirschen, Elchen, Auerochsen, Rehen, Steinböcken und mit Tieren und Wild aller Art." Wenn Arbeo den Vergleich gesucht hätte, wäre nur der eigentliche Gegenstand seines Geschichtswerkes in Betracht gekommen, der erst die Stadt erwähnenswert gemacht hat, der Hl. Emmeram. Das Heiligtum ist es nämlich, das der Stadt ihre Mitte, ja ihre Existenzberechtigung gibt. So fehlt bei dem ersten Selbstzeugnis Regensburger Geschichtsschreibung der Name der Stadt völlig; in dem Fragmentum de Arnulfo duce von der Zeit um 935 sind nur die Heiligen genannt, deren Gefolgschaft die Stadt bewohnt, der Apostel Petrus und der Hl. Emmeram[36]. Das ist kein mangelndes Selbstbewußtsein, wie die vorausgehenden Stellen zeigen, die sich gegen Heinrich von Sachsen wenden, der in das Königreich Bayern eingedrungen sei, wo keiner seiner Vorfahren auch nur einen Fußbreit Boden besessen habe und der durch göttliche Zulassung bei seinem ersten Angriff von den Einwohnern einer einzigen Stadt besiegt worden sei. Etwas mehr als ein halbes Jahrhundert nach Arbeo wird seine Beschreibung zusammengefaßt zu einem einzigen Bild: „Urbem Regensem, minitantia moenia caelo"; so lesen wir in einem Gedicht, das Hrabanus Maurus an Bischof Baturich schickte, den Erzkapellan Ludwigs d. Deutschen[37]. Es ist nicht anzunehmen, daß diese Zeile in Regensburg unbekannt geblieben ist, so wenig wie der Lobpreis des Freisinger Bischofs Arbeo; noch bestand jedoch kein Anlaß, aus bloßen Worten Ansprüche abzuleiten, die Stadt Regensburg stand immer noch im vollen Licht der Geschichte. In Köln schrieb der Kleriker Ruotger wenig später von Regensburg als der „urbs praeclara"[38], und selbst die gedemütigte, vom König belagerte Stadt nannte Widukind von Korvey um die gleiche Zeit „urbs regia"[39]. Damit meint er nicht nur eine

[36] S. Anhang Dok. Nr. 5.

[37] MGH Poetae latini II (1884) 173 z. 3.

[38] Ruotgeri Vita Brunonis archiepiscopi Coloniensis, SS rer. Germ. 52, 20.

[39] (Pfalzgraf Arnulf) „cepit urbem regiam quae dicitur Rainesburg cum caeteris in ea regione munitissimis" (Die Sachsengeschichte des Widukind von Korvey 115, zu 953).

Stadt, die dem König gehört und königlicher Sitz ist[40], sondern eine Stadt, die Zentrum eines regnum ist. Daß Widukind so zu verstehen ist, zeigt die Bezeichnung regnum für Bayern zum Jahre 921[41], das zeigt auch die Interpretation, die Thietmar von Merseburg ein Menschenalter später der Stelle bei Widukind gibt[42]. Er übernimmt sie mit vollem Inhalt, „urbs regia" gibt er aber wieder mit „Bawarii caput regni".

[40] G. WAITZ, Deutsche Verfassungsgeschichte VI, ²1955, 306 Anm. 1. B. SCHWINEKÖPER, Die Anfänge Magdeburgs (Vo. u. Fo. IV) 1958, 390. Vgl. auch Otto von Freising, Chronica 313: „Ipsi vero Persarum reges, sicut et nostri *urbem regiam* vel Aquisgrani, Ecbactani ... *sedem regni sui* constituerunt."

[41] Zu 921 berichtet Widukind vom Vertrag von Regensburg, er nennt Arnulf „dux", schließt aber: „Tradito semet ipso cum omni regno suo" (ebd. S. 40).

[42] „Ratisbonam, quae Reinesburg dicitur, Bawarii caput regni, cum urbibus munitissimis" (Thietmar 44).

2. Kapitel

Die Präsenz des Königs in Regensburg

Das Urteil Thietmars entspricht der historischen Wirklichkeit von der Zeit der ersten Karolinger bis zum Ausgang der Stauferzeit. Regensburg, Goslar, Worms und Mainz führen mit gleichem Anteil die Reihe jener Städte an [1], welche die deutschen Könige regelmäßig aufsuchten, um dort, in den Mittelpunkten der „Kernlandschaften" des Deutschen Reiches, in der Regel den — zuzeiten wechselnden — Vororten der Stammesherzogtümer, die Reichsgewalt unmittelbar zur Geltung zu bringen [2]. Auf dem Königsumritt ergreift der König in jedem der Herzogtümer bis herein ins 12. Jahrhundert persönlich die Herrschaft und nimmt die Huldigung der Stämme entgegen [3], welche die Stufenfolge der einzelnen Wahlhandlungen abschließt [4]. Die Herrschaftsausübung erfolgt vielfach in den gleichen Vororten; hierher werden Reichsversammlungen einberufen, hier tritt, zum Teil in festgelegtem Wechsel, an den hohen kirchlichen Festen die Macht des Königs leibhaftig in Erscheinung, wobei besonders die Feier der Weihnacht von besonderer Bedeutung war [5]. Die Wahl des Ortes war wohl auch abhängig von aktuellen politischen Anlässen, auf die Dauer behielt eine Stadt ihre Anziehungskraft auf das Königtum jedoch nur dann, wenn sie einer Königspfalz Raum bot und das Umland so reich war an Königsgut oder, besonders seit spätottonischer Zeit, die Reichskirche so großzügige Servitien zu stellen in der Lage war, daß der Unterhalt des Hofes gewährleistet war [6]. Wie man nun auch solche aus der Reihe der übrigen herausgehobenen

[1] W. Schlesinger, Merseburg (Deutsche Königspfalzen I), 1963, 199.

[2] Th. Mayer, Das deutsche Königtum; Th. Mayer, Fürsten und Staat, 1969, 233.

[3] Ebd.; s. auch R. Schmidt, Königsumritt 97 ff.

[4] H. Mitteis, Die deutsche Königswahl. Ihre Rechtsgrundlage bis zur Goldenen Bulle, ^{2}1944, 48, 52 ff.; W. Schlesinger, Die Anfänge der deutschen Königswahl (Wege der Forschung I; Die Entstehung des Deutschen Reiches) 1956, 163.

[5] Klewitz, Festkrönungen; s. auch Berges 12; Peyer, Reisekönigtum 21; Koller 15.

[6] Th. Mayer, Das deutsche Königtum, 52 ff.; Berges 12; A. Schulte, Das Verzeichnis der königlichen Tafelgüter und Servitien von 1064/65 (NA 41) 1918, 571–574; B. Heusinger, Servitium regis; H. J. Rieckenberg, Königstraße; C. Brühl, Die wirtschaftliche Bedeutung der Pfalz für die Versorgung des Hofes von der fränkischen bis zur Stauferzeit (GWU 16) 1965, 505–515; P. Classen, Bemerkungen zur Pfalzenforschung; Brühl, Fodrum.

Städte bezeichnen mag, als Pfalzorte, als Städte mit Residenzcharakter oder als Hauptstädte[7], sie waren Jahrhunderte hindurch jedenfalls mehr als bloße Stammesvororte, sondern gaben dem gesamten Regnum Zusammenhalt und Gliederung.

Daß sich Regensburg in dieser Reihe bis in die ausgehende Stauferzeit behaupten konnte, im Gegensatz zu vielen anderen Städten, die auftauchen und wieder verschwinden[8], ist vielen Umständen zu danken, der Gunst der Lage, die schon den Römern die Gründung einer mächtigen Festung nahelegte, dem reichen Königsgut in Stadt und Umgebung sowie den Unterkunfts- wie Versorgungsmöglichkeiten, welche das Domstift mit St. Emmeram wie die Reichsklöster Nieder- und Obermünster boten, nicht zuletzt wohl der nie unterbrochenen Tradition seit den Anfängen der bayerischen Stammesbildung, die in der Stadt an der Donau stets den Mittelpunkt der Terra Bavarica sah. „Von den fünf alten deutschen Stämmen hatten nur die Baiern eine Hauptstadt"[9].

Diese Ausnahmestellung Regensburgs in Bayern, dieser besondere Rang unter den Städten des Reiches sind auch bestimmend für die Aussagen, die in den Geschichtswerken aller Epochen über Regensburg zu finden sind. Die Fakten, aus denen diese Stellung Regensburgs erhellt, wurden selbstverständlich

[7] Zur Diskussion dieser Frage vgl. Th. MAYER, Das deutsche Königtum 59; H. HEIMPEL, Deutsches Mittelalter, 1941, 144–159; E. EWIG, Residence et Capitale pendant le haut Moyen Age (Revue historique 230) 1963, 25–72; KOLLER, Residenz; BERGES, Reich; PEYER, Reisekönigtum; MEUTHEN, Karl d. Gr. 61 f.; SCHLESINGER, Merseburg 199 („als eine Art Hauptstädte"); BRÜHL, Königspfalz; BRÜHL, Hauptstadtproblem. Hier wie in BRÜHL, Fodrum 151 wird gegen die Bezeichnung „Hauptstadt", besonders bei HEIMPEL und Th. MAYER, opponiert, doch richtet sich die Polemik nur gegen das Wort selbst, nicht gegen die Beschreibung der Funktion eines mittelalterlichen Zentrums; hier besteht im Grunde Übereinstimmung darüber, daß von keiner Stadt als der ständigen Residenz des Herrschers wie dem festen Sitz von zentralen Behörden die Rede sein kann, sondern daß es nur der häufige Aufenthalt des Herrschers, die Abhaltung von Reichsversammlungen, die Existenz repräsentativer Bauten bzw. besonderer profaner wie kirchlicher Mittelpunkte, schließlich die Grablege der Herrscher sind, die einzelnen Städten einen besonderen Charakter verleihen.

[8] Vgl. die Zusammenstellung bei SCHLESINGER, Merseburg 199; in den drei Jahrhunderten von 911–1250 kamen an Bedeutung für das Reich, gemessen am Aufenthalt der Könige, Regensburg (etwa 120), Mainz (120), Goslar (120) und Worms (120) noch nahe Frankfurt (110), Speyer (100) und Aachen (100), mit Abstand folgen Magdeburg (70) und Merseburg (69). Zur wechselnden Stellung einzelner Städte, auch Regensburgs, in den verschiedenen Epochen s. die folgenden Kapitel.

[9] HEIMPEL 152; bezüglich der Ausnahmestellung Regensburgs gibt BRÜHL, Fodrum 154, der Heimpel im übrigen die Verwendung des Begriffes „Hauptstadt" nicht zugestehen möchte, ihm ohne Einschränkung recht. Vgl. auch BERGES 4, der in diesem Zusammenhang von „bevorzugten Plätzen des Reiches" spricht.

nicht der Stadt halber aufgenommen, das wäre bestenfalls bei Regensburger Geschichtsschreibern zu erwarten, doch an solchen fehlt es sehr. Noch in Zeiten, in denen Entscheidungen von außerordentlicher Bedeutung in Regensburg gefällt wurden, erfahren wir davon aus fremdem Mund, selbst die Anfänge der Geschichte des mittelalterlichen Regensburg müssen wir in Berichten aufsuchen, die in anderen Städten entstanden sind.

Am Anfang steht Arbeo, aus dessen Lebensbeschreibung des hl. Emmeram trotz der Verwendung hergebrachter Topoi das hingerissene Staunen spricht über das steinerne Wunderwerk; Türme, Mauern und Brunnen stellen später kein Objekt des Staunens mehr dar, doch begegnet auch die hohe literarische Kunst dieses Freisinger Bischofs erst wieder nach Jahrhunderten in der bayerischen Geschichtsschreibung[10]. Daß in seiner Vita des Hl. Emmeram Regensburg selbst Gegenstand der Schilderung wird, hängt zweifellos, da er Freising in der Vita Corbiniani keiner Beschreibung würdigt, mit der eindrucksvollen Gestalt zusammen, in der sich Regensburg darbot. Die Annalisten der Folgezeit haben dafür jedoch kein Auge mehr, nicht der Ort ist ihnen von Bedeutung, sondern die Ereignisse und Mächte, die das Leben bestimmen, Könige und Heilige, Zeichen in der Natur und große Fügungen des Schicksals. Die Aussagen sind gedrängt, nicht einmal wesentliche Umstände werden festgehalten, der Erinnerung bleibt nur das allgemeinste Ergebnis. Besonders die ersten Anfänge der Regensburger Annalistik bieten nichts als die dürftigen Grundzüge der Überlieferung; obwohl sie bereits mit 748 einsetzt, erscheint Regensburg als Schauplatz der Geschichte erstmals 792[11], so daß wir über seine Bedeutung in den letzten Jahrzehnten der Agilolfingerherrschaft nur aus der Lebensbeschreibung der Heiligen Emmeram und Rupert wissen. Hier wie dort erscheint Regensburg als der Sitz der Herzöge und die Hauptstadt des Landes[12] wie als Bischofssitz, von Freising und Salzburg aus wird also der Eingang Regensburgs in die Geschichte festgehalten. Ergiebig ist aber auch die Salzburger Annalistik nicht, die ohnedies keine Selbständigkeit beanspruchen kann[13]; die ältesten Aufzeichnungen

[10] An der unmittelbaren Umwelt, daran, was hier vorausging und was nachfolgte, wird man eine literarische Erscheinung messen, nicht an Idealvorstellungen, wie H. Löwe, Arbeo von Freising (Rhein. Vierteljahrsbll. 15/16) 1950/51, 95. Vgl. dazu das positive Urteil von H. Glaser und F. Brunhölzl, Spindler I, 432, 487.

[11] Annales S. Emmerammi Ratisbonensis Maiores, SS XXX/2 735.

[12] Vita Hrodberti episcopi Salisburgensis 158: „Hoc audiens praefatus dux ... sanctum virum ... in Radesbona suscepit civitate" (wörtlich übernommen in „De conversione Bagoariorum et Carantanorum libellus", SS XI 4 z. 37).

[13] Wattenbach-Levison II, 1953, 188, 191; A. Lhotsky, Quellenkunde 145 ff.; zur älteren Salzburger Annalistik s. vor allem H. Bresslau, Die ältere Salzburger Annalistik (Abh. d. preuß. A. d. W., Phil.-hist. Kl. 2) 1923.

tragen noch zu deutlich die Kennzeichen des ersten Beginns, die Dürftigkeit der Nachrichten unterscheidet sich nicht von den älteren Emmeramer Annalen, die auf die gleiche fränkische Vorlage zurückgehen, hier wie dort erfahren wir nicht mehr, als daß Karl der Große, dessen Gestalt vor allem Interesse auf sich zog[14], 788, 791 bzw. 792 in Bayern war – beide Angaben gleichzeitig hat keine Quelle –, daß eine Synode zu Regensburg stattfand und ein Anschlag auf den König[15]. Die Salzburger Annalen wissen dabei nichts von 788, obgleich es kein wichtigeres Datum der frühen bayerischen Geschichte gibt als dieses Jahr eines völligen Neubeginns im großen Zusammenhang des fränkischen Reichs, in neuen Organisationsformen und mit neuen Aufgaben, sie wissen auch nichts vom Awarenzug 791, der in Regensburg wenigstens genannt wird, ohne Hinweis auf die Stadt als Ausgangspunkt, die ältesten Salzburger Annalen verlegen die Synode mit der Verurteilung des Felix nach Frankfurt. Für 788 wieder nennen die Regensburger Annalen nur das Land, nicht den Aufenthalt in der eigenen Stadt, der Aufenthalt 803 in Regensburg und der entscheidende Zug nach Ungarn ist beiden Quellen fremd (wohl deshalb, weil das Ereignis auch in der älteren karolingischen Annalistik fehlt), doch nennen die Emmeramer Annalen den Aufenthalt Karls in Salzburg, ein Zeichen für den engen Zusammenhang der beiden Quellen. Ohne die reichen Nachrichten aus den fränkischen Annalen wäre es nicht möglich, ein Bild von der umfassenden Tätigkeit des fränkischen Königs in Bayern und an der Ostgrenze seines Reiches zu gewinnen, deren Sicherung schon damals von Regensburg als der militärischen Basis ausging. Fast alle Quellengruppen wissen von dem viermaligen Aufenthalt Karls in Regensburg und von den wichtigsten Anordnungen[16]; nur Einhard nennt den Namen der Stadt nicht[17]. Es war selbst-

14 Wie sehr das Interesse für die Gestalt des Kaisers, nicht für sein Wirken in und für Bayern die Berichterstattung bestimmte, zeigt der Regensburger Eintrag für 788: „Carolus primo in Baiowaria" (Annales Iuvavenses Maximi: „primo per se venit ..."). Beide Stellen enthalten keinen Hinweis auf die Übernahme der Herrschaft, die Neuordnung des Landes und die Sicherung der Grenzen (dazu vgl. Anhang Nr. 3).

15 Annales Iuvavenses Maximi 734 f.; Annales Iuvavenses Minores 88 f.; Annal. Iuvavensium Maiorum Supplementum, SS III 122 (Regensburg nicht genannt); Annal. Iuvavensium Minorum Suppl., ebd. (792).

16 Annales Mosellani 498 (a. a. 791, 792, 793); Annales Petaviani 17 f. (a. a. 791, 792); Annales Laureshamenses 33–35 (a. a. 788, 791, 792, 793); Annales Guelferbytani 45 (a. a. 791, 792, 793, 803); Annales Alamannici 47 (a. a. 792); Annales Regni Francorum 84, 86, 90 f. (a. a. 788, 791, 792, 793); Annales Maximiniani 22 (a. a. 788, 791, 792); Annales Xantenses et Annales Vedastini 1 (a. a. 791/92); Annales Mettenses Priores 77 ff., 90 (a. a. 788, 791, 793, 803); Annales Mettenses Posteriores 101 f. (a. a. 792/93, 803); davon abgeleitet MGH SS XIII 32 (a. a. 792/93, 803); Annales Lobienses

verständlich nur die Aufmerksamkeit für das Wirken des Herrschers, die auch Regensburg in den Beobachtungsbereich einbezog, aber auf diese Weise wurde die Stadt an der Donau bereits zur Zeit des großen Karl bekannt fast im ganzen Abendland; der Name jedoch, unter dem von ihr meist berichtet wurde, Reganesburg, setzte sich im romanischen Westen und Süden trotzdem nicht fest, obwohl die breite annalistische Überlieferung der Epoche Karls des Großen in der Geschichtsschreibung der Folgezeit immer wieder aufgenommen wurde. So wurde, wie alles, was Karl der Große unternahm, auch sein Wirken in Regensburg noch lange festgehalten; bis zu den großen Chroniken noch des 11. und 12. Jahrhunderts verzichtete kaum ein Geschichtswerk mit allgemeiner Thematik auf diese Daten[18]. Daß Dichtung und Sage gerade in dieser Zeit beginnen, den großen Kaiser und Regensburg so eng aneinander zu binden, geschieht sicher unter dem Eindruck der dichten Bezeugung dieser Anwesenheit Karls in Regensburg[19].

Daß es allein die große Persönlichkeit des Kaisers war, die den Geschichtsschreibern Anreiz bot, die Stationen seines Wirkens festzuhalten, zeigt die Geschichte seiner Söhne und Enkel. So bewegt sie auch war, das Reich tritt wieder in seine ursprünglichen Teile auseinander, damit teilt sich das Interesse. Vor allem der Osten, dessen Geschichte weitgehend von Annalisten der westlichen Reichshälfte geschrieben wurde und der diesen nur wichtig war, wenn ihn der König aufsuchte, geriet, da die Entscheidungen über die Zukunft des Reiches am Rhein oder westlich davon fielen, aus dem Gesichtskreis der Geschichtsschreibung. Die Jahrzehnte der Wirren waren auch der Ausbildung einer eigenen ostfränkischen historiographischen Tradition wenig günstig. Regino von Prüm wendet sich dem kulturell höherstehenden Westen zu, der Ansatz der Fuldaer Annalen entfaltet sich nur zögernd, bis sie endlich mit dem zweiten Teil, ab 838, breit und lebendig, mit eingehender Berichterstattung, die das ganze Ostreich umfaßt, vom fränkischen Gesamtreich den Blick immer aus-

229 f. (a. a. 791/92); Chronicon Vedastinum 705 (a. a. 791/92); Chronicon Moissiacense 298 ff. (a. a. 788, 791, 792, 793). Zum Verhältnis der Quellen zueinander vgl. Wattenbach-Levison II 184 ff., 247 ff., 254 ff., 260 ff.; zum Aufenthalt Karls in Regensburg s. Mayer, Königtum 56; Brühl, Königspfalz 242; Classen, Bemerkungen 79.

[17] Einhard, Vita Karoli Magni 14 (a. a. 788), 25 (a. .a. 792).

[18] Notker, Gesta Karoli Magni 71 (a. a.792, Verschwörung Pippins); Poeta Saxo 245, 248, 249 (a. a. 788, 791, 792, 793); Vita Hludowici Imperatoris, SS II 610 (a. a. 803); Reginonis abbatis Prumiensis Chronicon 57, 59, 64 (a. a. 791, 792, 793, 803); Hermann von Reichenau, Chronicon 100; Frutolf von Michelsberg, Chronicon Universale, SS VI 167; Annalista Saxo 561; Annales S. Rudberti Salisburgenses 769.

[19] Vgl. R. Folz, Le Souvenir et la Légende de Charlemagne dans l'Empire germanique médiéval, 1950.

schließlicher auf das neu erstehende Staatswesen östlich des Rheins wenden. Das Zentrum dieses Gebildes ist seit 833 Frankfurt, „principalis sedes orientalis regni", wie Regino von Prüm sagt[20]. Regensburg ist an den Rand gerückt, seit Ludwig der Deutsche, der noch 830 als König der Bayern urkundet[21], König „in orientali Francia" wird, aber die Stadt an der Donau spielt nach wie vor jene Rolle, die ihr seit Karl dem Großen zugewiesen worden ist. Sie dient häufig als Winterpfalz[22], so daß sich der König und sein Hof monatelang in Regensburg aufhalten; die Stadt wird regelmäßig „urbs regia" oder „civitas regia" genannt[23], Sitz des Königs. Als Vorort Bayerns heißt sie „Baioariae civitas"[24], jenes Landes, das zwar nicht mehr als selbständige staatliche Einheit, aber doch als geschlossenes Gebiet in die Verwaltungsorganisation des ostfränkischen Reiches einbezogen ist[25]. Die Königspfalz, lange vernachlässigt, wird erneuert, jedenfalls die Pfalzkapelle, wie Notker von St. Gallen berichtet[26]. Aus den Berichten der Annalisten wird jedoch nicht annähernd die Bedeutung ersichtlich, die Regensburg auch unter Ludwig dem Deutschen für die Herrschaft der Karolinger besaß; ein einziger Aufenthalt des Königs vor 860 erscheint in den Fuldaer Annalen, 852, dabei sind von 829 bis 860 zweiunddreißig Urkunden in Regensburg ausgestellt, kaum ein Jahr verging, ohne daß der König hier weilte[27]. Sichtbar wird bei den Geschichtsschreibern wieder nur das Außergewöhnliche; die schwere Erkrankung Ludwigs 869, das Gericht von 861 über Markgraf Ernst, den Schwiegervater des Königssohnes Karlmann,

[20] Chronicon 111; vgl. Marianus Scottus 552 und Annalista Saxo 583; zur gesamten Frage vgl. C. Brühl, Königspfalz 242 f.; zum Dualismus Frankfurt-Regensburg s. Ewig 65; W. Schlesinger, Die Pfalzen im Rhein-Main-Gebiet (GWU 16) 1965, 492; vgl. auch Th. Mayer, Königtum 56, hier die Zahlen: 34 nachweisbare Aufenthalte des Königs in Frankfurt, 31 in Regensburg, 13 Worms und Aachen. Vgl. auch M. Schalles-Fischer, Pfalz und Fiskus Frankfurt, 1969.

[21] MGH DD. Ludwig d. D. n. 2; K. Reindel, Bayern im Karolingerreich (Karl d. Gr. I) 1965, 234.

[22] Ewig 66; Classen 78; viermal (850/51, 851/52, 853/54, 859/60) verbrachte Ludwig d. D. den Winter in Regensburg, dreimal in Frankfurt (855/56, 872/73, 874/75).

[23] MGH DD Ludwig d. D. n. 40, 48, 62, 87, 88, 100, 101, 110, 111, 112, 113, 119, 161, 165; diese Wendung in Zusammenhang zu bringen mit dem Wechsel in der Kanzlei ist nicht möglich, auch gibt es keine zeitlichen Einschnitte. Diese Zusammenstellung erstmals bei Brühl, Königspfalz 244, vgl. auch Raisch 162.

[24] Annales Fuldenses 69 z. 17; 85 z. 32; um die gleiche Zeit fällt in der Übersetzung des Orosius durch König Alfred Bayern mit Regensburg geradezu zusammen (Kuhn 33 f.).

[25] Reindel, Bayern 236 ff.

[26] Notker, Gesta Karoli Magni 68 (s. Anhang Dok. Nr. 4); dazu M. Heuwieser, Entwicklung der Stadt Regensburg im Frühmittelalter (VO 76) 1936, 75–194.

[27] Raisch 158 f.; Brühl, Königspfalz 244.

oder die Unterwerfung Karlmanns selbst 862 finden Erwähnung[28], nicht aber der Ort der Reichsversammlung von 870, nämlich Regensburg[29]. Nur eine besondere Seite Regensburgs tritt in den Nachrichten über diese Jahre noch hervor, die Funktion der Stadt als Tor nach dem unbekannten und darum faszinierenden Osten. Empfänglichere Chronisten, wie den Verfasser der älteren Metzer Annalen, ließen Ereignisse, die mit dieser fernen Welt zusammenhingen, schon inmitten der sonst so kargen karolingischen Annalistik geradezu beredt werden[30]. Schon 803 erscheint Regensburg hier als der Ort, wo der Kaiser die Unterwerfung der Fürsten des Ostens entgegennimmt, 866 kommen Gesandte der Bulgaren, um den König in Regensburg aufzusuchen, 872 bringen Gesandte des griechischen Kaisers Geschenke von außerordentlicher Kostbarkeit, auch das Jahr 873 sieht eine Gesandtschaft der Griechen[31]. Man darf wohl auch die Taufe der vierzehn böhmischen Fürsten 845 für Regensburg in Anspruch nehmen, auch wenn der Chronist den Ort verschweigt[32]. Der Auszug der fränkischen Heere aus Regensburg nach Böhmen und Mähren in diesen Jahrzehnten erschien jedoch wohl schon zu selbstverständlich, bei allen Berichten darüber erscheint der Name der Stadt Regensburg nicht mehr, aber, das zeigt das Itinerar des Königs, das zeigen auch die wenig bestimmten Angaben der Annales Bertiniani[33], für die Begegnungen mit dem Osten, wie auch immer sie aussahen, war in der Regel[34] unter Ludwig dem Deutschen Regensburg der Vorort des Reiches.

In den Jahren des drohenden Zerfalls des ostfränkischen Reiches unter den Nachfolgern Ludwigs stieg die Bedeutung der bayerischen Metropole rasch an, für kurze Zeit gewinnt sie selbst die volle Aufmerksamkeit Reginos, der uns berichtet, wie 879, angesichts des bevorstehenden Todes seines Bruders Karlmann, Ludwig der Jüngere in Regensburg alle Großen des Reiches zusammenkommen und sich die Nachfolge im Ostfrankenreich bestätigen ließ[35]. Die

[28] Annales Fuldenses 55, 69.

[29] Ebd. 72; vgl. auch RAISCH 163; P. SCHMID, Regensburger Reichsversammlungen.

[30] Annales Mettenses Priores 90: „Ibi etiam ... Zodan princeps Pannoniorum veniens manibus imperatoris se contradidit. Multi quoque Sclavi et Hunni in eodem conventu fuerunt, se cum omnibus quae possidebant imperatoris dominio subdiderunt ..." (Vgl. auch den abhängigen Bericht SS XIII 32 sowie Regino 64). Zum Thema „Regensburg und der Osten" s. G. HABLE, Adreßbuch der Stadt Regensburg 1970; WATTENBACH-HOLTZMANN I/3 554.

[31] Annales Fuldenses 65, 75, 81.

[32] Ebd. 35.

[33] Annales Bertiniani 105, 113, 117, 124, 127.

[34] 874 wird allerdings zu Forchheim Frieden geschlossen (Annales Fuldenses 82).

[35] Regino 117. Die Annales Fuldenses 92 schränken zwar den Teilnehmerkreis auf

ganze Bedeutung Regensburgs im ostfränkischen Reich, die jener Frankfurts angesichts der wachsenden Bedrängnis an der Ostgrenze völlig gleichkam, wird dann sichtbar beim Übergang der Redaktion der Fuldaer Annalen an einen Regensburger Chronisten 882. Jetzt wird die Präsenz des Königs in Regensburg stärker betont und häufiger festgehalten, wenngleich noch immer nicht regelmäßig, so die Verhandlungen mit Italien[36], der Reichstag von 883. Noch einmal unterbricht allerdings gerade das Jahr 883 mit dem kurzfristigen Heimfall des gesamten karolingischen Erbes an Karl d. Dicken die besondere Entwicklung Regensburgs. Erst fünf Jahre später kennt Regensburg keine Nebenbuhlerin mehr, sondern ist unbestritten die Hauptstadt des ostfränkischen Reiches.

Hauptstadtfunktionen im modernen Sinn lassen sich für Regensburg selbstverständlich auch unter Arnulf von Kärnten nicht feststellen[37], daneben behielten auch die anderen Pfalzen ihren Aufgabe, aber das Itinerar[38] und der Bau einer eigenen Pfalz[39] lassen keinen Zweifel daran, in welcher Stadt er sich hauptsächlich aufhielt[40]. Nicht weniger bedeutsam als Kriterium erscheint, daß die Annalen des Reichs jetzt ein Regensburger Mönch, wie man annimmt[41], fortführte. Damit tritt diese Stadt, „civitas regia", wie sie der Regensburger Chronist jetzt, wie zur Zeit Ludwigs d. D., Karlmanns und auch einmal unter Arnulf die Notare der Kanzlei[42], stolz nennt[43], erstmals wieder in den Mittel-

die „Optimates" Bayerns ein, umso bemerkenswerter ist aber die Folgerung „Ut post obitum Carlmanni nullum alium super se regem susciperent vel regnare consentirent". Vgl. auch Annalista Saxo 585 a. a. 882: „ad obtinendum regnum Bawariae" kommt Karl d. D. nach Regensburg.

36 Annales Fuldenses 109, 114.

37 C. Brühl, Hauptstadtproblem 45 lehnt eine solche Forderung ausdrücklich als anachronistisch ab, stellt dann aber doch Kriterien zusammen, die für das deutsche Mittelalter überhaupt nie für einen konkreten Ort zutreffen, vor allem nicht vor der Jahrtausendwende. Zur zentralen Stellung Regensburgs unter Arnulf s. auch Ewig 67; Classen 78.

38 Vgl. das Itinerar bei Brühl, Königspfalz 242 ff., ebenfalls bei Raisch 160 f. In Regensburg sind für Arnulf 21 Besuche verzeichnet, in Frankfurt nur neun, in Forchheim ebenfalls, in Worms vier (Th. Mayer, Königtum 56), von 176 Urkunden Arnulfs sind 59 in Regensburg ausgestellt.

39 Arnold von St. Emmeram, Libri de S. Emmerammo 551; dazu M. Piendl, Pfalz Kaiser Arnulfs 65; Brühl, Königspfalz 247 f.

40 Regensburg als der reguläre Aufenthaltsort erscheint besonders deutlich Annales Fuldenses 119: „inde regrediens urbe Radasbona natale Christi celebravit"; Annales Marbacenses 21: „ubi frequentius manebat".

41 F. Kurze, Über die Annales Fuldenses (NA 17) 1892, 151 ff.; zur Kontroverse mit S. Hellmann, NA 33/34 (1908/09) s. Jacob-Hohenleutner I 121.

42 S. Anm. 23; D Karlmann 876 XI 3 (Urkd. d.dt. Karolinger I n. 1 S. 286); D Arnulf

punkt der Geschichte, eine Feststellung, die bereits 888 in den Reichsannalen mit allem Nachdruck getroffen wird: „Rex Arnolfus urbe Radasbona receptis primoribus Baiowariorum orientales Francos, Saxones, Duringos, Alamannos, magna parte Sclavanorum, natalem Domini et pascham ibidem honorifice celebravit. Illo diu morante multi reguli in Europa vel regno Karoli sui patruelis excrevere“ [44]. Selbst aus dem tadelnden Nachsatz noch klingt das Hochgefühl darüber, an der Herrschaft über ein mächtiges Reich beteiligt zu sein. Anders als unter Ludwig d. D. findet die Mehrzahl der Reichsversammlungen jetzt in Regensburg statt [45], hier empfängt der König die Gesandten des Papstes [46], besonders aber fällt wieder auf die besondere Bestimmung Regensburgs als Pforte gegen Osten. Hier suchen ihn die Gesandten des griechischen Kaisers auf [47], in Regensburg nimmt er, wie in Worms die Huldigung Odos von Frankreich [48], die Unterwerfung der böhmischen Fürsten entgegen und schließt Verträge mit ihnen [49]. Auch eine böhmische Stimme nennt das Regensburg dieser Zeit „sedes regia“, Residenz des Königs [50].

Hier ist Arnulf schließlich auch am 8. Dezember 899 gestorben [51]. In der Kirche des Hl. Emmeram, den er sich, wie Arnold von St. Emmeram berichtet, als „vitae suae ac regno patronum“ erkor [52], liegt er begraben. Mag auch dieses Verhältnis zum Hl. Emmeram nicht das im letzten bestimmende Motiv für die Wahl Regensburgs zum Vorort des Reiches gewesen sein, es wog zweifellos schwer, wie der Bau der Pfalz und die kostbaren Geschenke an St. Emmeram nach dem glücklichen Feldzug von 893 beweisen [53]. Auch die Regensburger Kaiserchronik sieht, unter dem Eindruck der Emmeramer Geschichtsschreibung

n. 117 S. 173 (893 VI 23; der Herausgeber hält das für ein Versehen, da die eigentliche Ortsangabe fehlt, vgl. aber MGH LL III 482, Regensburger Synode 932, zit. bei Heuwieser 166).

43 Annales Fuldenses 132, a. a. 899.

44 Ebd. 116.

45 Annales Fuldenses 126, 130, 132; dazu H. Weber, Die Reichsversammlungen im Ostfrankenreich, 1962, 180; Raisch 164. Der Charakter der Versammlung ist umstritten, doch nur auf Grund der von Weber gewählten Definition, die aus den Gepflogenheiten der Zeit selbst nicht ableitbar ist; vgl. P. Schmid 35 ff.

46 Annales Fuldenses 122 (a. a. 893).

47 Ebd. 125 (a. a. 894), 130 (a. a. 896).

48 Ebd. 126 (a. a. 895).

49 Ebd. 126 (a. a. 895), 132 (a. a. 899).

50 Gumpoldi Vita Vencezlavi Ducis Bohemiae 219 z. 13 (für die Zeit Tutos).

51 Annales Fuldenses 133 f.; Guglia 24 f.

52 SS IV 551.

53 Ebd., mit ausführlicher Beschreibung der Kostbarkeiten.

des 11. Jahrhunderts, die Vorliebe des Kaisers für Regensburg in engstem Zusammenhang mit seiner Verehrung für St. Emmeram[54].

Große Geschichtsschreibung, wie das Wirken Karls des Großen, hat die Regierungszeit Kaiser Arnulfs nicht erzeugt, das Echo seiner Taten war ungleich geringer, die Nachwirkungen dauerten nur kurz. Nur in Regensburg selbst wird er nicht vergessen; wie an Karl den Großen, so heftet sich auch an seine Gestalt einst die Legende. Die schwache Herrschaft seines Sohnes aber hinterläßt in der Geschichtsschreibug kaum noch Spuren, damit tritt auch Regensburg wieder in den Schatten. Unter Arnulf hatte die Stadt selbst solches Interesse auf sich gezogen, daß der Brand von 891[55], anders als spätere Stadtbrände[56], auch von den entlegensten Chroniken zur Kenntnis genommen wurden, jetzt wird sie kaum mehr genannt; „urbs quondam regalis et inclita" nennt sie der Kanoniker Wolfhard von Herrieden in diesen Jahren[57]. Von den drei großen Fürstenversammlungen, die zu Regensburg während der kurzen Regierungszeit Ludwigs d. Kindes stattfanden, erfuhr nur jene von 901 Beachtung, die den Friedensschluß mit Mähren brachte[58]. Ludwig d. Kind ist zwar ebenfalls in St. Emmeram begraben[59], wie Arnulf, aber Regensburg war unter ihm nicht der erklärte Mittelpunkt des Reiches[60] – die neuerliche Verlagerung des Schwergewichts nach dem Rhein-Main-Gebiet machte sich schon jetzt bemerkbar.

Die Annales Fuldenses halten zwar auch weiterhin fest, was in Bayern ge-

[54] Kaiserchronik v. 15 556 ff.

[55] Annales Fuldenses 119; Annales Corbeienses, SS III 3; Hermann von Reichenau 110; Annales S. Emmerami Minores 47; Chronicon Suevicum universale 65; Annales Mellicenses 496; Annalista Saxo 588; Flores Temporum 235.

[56] Annales S. Emmerammi Minores 47 f. (906, 1062); Annal. Ratisponensium Supplementum, SS XXX/2 746 (1002, 1130, 1152, 1162, 1166, 1176); Annales S. Emmerami saec. XI, SS XVII 571 (1046); Annales S. Emmerami brevissimi, ebd. (1062); Annales Ratisponenses, ebd. 586 (1152, 1176); Annales Iuvavenses minores, SS I 89 (964); Compilatio Chronologica, Oefele II 332 (1020, 1130); Annales Altahenses 41 (1046); Notae Weltenburgenses, SS XVII 571 (1046); Canonici Wissegradensis continuatio Cosmae 138 (1132); Otto von Freising, Gesta Friderici 107 (1152); Continuatio Admuntensis 581 (1152); Annales Scheftlarienses maiores, SS XVII 336 (1151); Hermann von Niederalteich, Annalen 407 (1273).

[57] Ex Wolfhardi Haserensis Miraculis S. Waldburgis Monheimensibus, SS XV/1 547 z. 50.

[58] Annales Fuldenses 135; vgl. dazu Weber 184; Raisch 164; P. Schmid 38 ff.

[59] Was allerdings nicht unzweifelhaft feststeht (Dümmler, Geschichte II 560; Guglia 25).

[60] Bei den Reichsversammlungen dominierte wieder das Rhein-Main-Gebiet; von 16 Versammlungen fand nur eine in Regensburg statt, auch findet sich die Anwesenheit des Königs zu Tribur öfter bezeugt als in Regensburg, Frankfurt und Forchheim finden sich gleich häufig (Raisch 164, Itinerar 161 f.)

schieht, besonders an der Ostgrenze, doch die fehlende Präsenz des Herrschers in Regensburg rückt die Stadt selbst aus dem Mittelpunkt des Interesses, vor allem ist den Zeitgenossen nicht der Herrscher wichtig, der noch ein Kind ist, sondern volle Aufmerksamkeit finden nur jene Führerpersönlichkeiten, die mit der alle bewegenden Ungarngefahr fertig zu werden versprechen. Das ist das Thema, das dann nach dem Versiegen der Reichsannalen die spärlichen Aufzeichnungen zu Salzburg [61], die Fortführung der Annales Alamannici [62] und die älteren Partien der Annales Sangallenses maiores [63] bestimmt, seit 912 sind es daneben auch die Kämpfe um den Zusammenhalt des ostfränkischen Reiches. Wie sehr das Reich seinen Mittelpunkt verloren hatte, erhellt auch aus der Konzentration der Annalisten auf die jeweiligen regionalen Schwierigkeiten und Ereignisse. Für Bayern macht sich dabei, wie auch für die größten Teile des Reichsgebiets, die Unsicherheit bezüglich der zentralen Autorität bemerkbar, die Geschichtsschreibung hat keinen Halt an einer eindeutig bestimmenden Gestalt. Nur langsam ändert sich dieser Sachverhalt durch den Aufstieg Arnulfs zur herzoglichen Stellung; da aber die einheimische Annalistik auch jetzt noch keinen Aufschwung zeigt, bleiben die Lichter spärlich, die auf den neuen Herzog fallen. Mit Sicherheit steht jedoch fest, daß er nach 912 die karolingische Stellung in Regensburg übernommen hat, nur kurzfristig durch Vorstöße des ostfränkischen Königs darin gestört. 916 jedenfalls erscheint er im Besitz Regensburgs, wo ihn der König belagerte [64] und vermutlich zum Verlassen des Landes zwang, da im gleichen Jahr der König selbst zu Regensburg urkundet. Nicht lange nach dem Regierungsantritt Heinrichs von Sachsen steht auch bereits die von Arnulf ins Werk gesetzte Mauer um die Emmeramsvorstadt zu Regensburg [65].

[61] Annales Iuvavenses Maximi 732/43, 743/44.

[62] SS I 52 ff.

[63] Ebd. 77 f.

[64] Annales Iuvavenses Maximi 742 (Reindel, Luitpoldinger 111): „obsessus est a rege Chunrado in Radespona". Vgl. ebd. 107; vgl. auch D Konrad I n. 29 S. 27, 916 VI 29 (Schenkung Konrads an Hochstift).

[65] Arnold, SS IV 552: „Postquam monasterium beatissimi martiris Emmerammi quod prius extra fuerat, coepit esse intra muros Ratisbonensium civitatis, quos Arnolfus dux, inter optimates opere diviso, cito construxerat sub rege Heinrico ..." (Dazu Heuwieser 140; Klebel 96; Reindel, Luitpoldinger 130; Brühl, Königspfalz 248; Piendl, Pfalz 21). In der translatio S. Dionysii II (SS XI 353 f.) ist der Zeitansatz unbestimmt, dem Autor war nur der ursächliche Zusammenhang zwischen der Entstehung der Neustadt, der Ummauerung also der Emmeramsvorstadt, und dem hl. Emmeram wichtig, der zeitliche Ansatz ließ sich dabei leicht auf Kaiser Arnulf beziehen, was Otto von Freising, Chronica, auch tat. Die Verwechslung geht wahrscheinlich auf Arnold von

Es ist begreiflich, daß zu einer Zeit, wo sich der vom Stamm gewählte Repräsentant durchzusetzen beginnt, als Beschützer vor dem äußeren Feind, den verderblichen Ungarn, aber auch als Wiederbegründer des alten Regnum, die damit verknüpften Hoffnungen auch literarisch laut werden. Uns ist nur ein Fragment des Geschichtswerks erhalten, das damals entstand[66], doch das Selbstbewußtsein, das in der kurzen Schilderung der Kämpfe 916 bis 920 zum Ausdruck kommt, der hohe Ton, in dem der Herzog gerühmt wird, zeigen, wie viel hier verloren ging. Das ist umso bedauerlicher, als die Salzburger Aufzeichnungen immer noch gleich zurückhaltend und dürftig sind wie die Jahrzehnte zuvor. Daß Arnulf zum König gewählt wurde[67], wird allein festgehalten, nicht die Umstände, nicht die Folgen, nicht einmal die Ausdehnung seines Herrschaftsanspruchs. Davon erfahren wir ausschließlich durch die Reichshistoriographie, durch Luitprand von Cremona, durch Widukind von Korvey, doch sie sehen die Geschichte nicht von Bayern aus. Luitprand erwähnt nicht einmal den Namen der Stadt, vor der die Begegnung Arnulfs mit Heinrich 921 stattfand. Widukind, dem es freilich darum geht, die Bedeutung der Unterwerfung zu unterstreichen, nennt zum Jahre 921 Bayern ein Königreich, Regensburg nennt er „urbs regia“[68].

Auch für die Salzburger Annalen ist Bayern nach wie vor ein regnum, und zwar das „regnum Baiowariorum“[69] — womit auch die Wahl Arnulfs von 919 in ihrer eigentlichen Bedeutung gekennzeichnet ist. Trotz dieser Äußerung eines betonten bayerischen Eigenbewußtseins bleiben die Salzburger Annalen auch nach 919 so zurückhaltend wie bisher, die spärlichen Eintragungen halten nur die Tatsache der Kämpfe mit Ungarn, Böhmen und in Italien fest, nicht aber die Teilnahme Arnulfs an der Wahl Ottos, auch nicht, außer der bloßen Feststellung von seinem Tod, den tiefgreifenden Einschnitt, den die Wende von 937/38 für Bayern bedeutete. Daß angesichts dieser Sachlage Regensburg als Sitz des Herzogs und Vorort des Regnum Bavariae keine Beachtung erfährt, darf nicht verwundern.

St. Emmeram selbst zurück, der feststellt, daß Arnulf vor seiner Erhebung zum König Herzog in Bayern war (SS IV 550).

[66] Fragmentum de Arnulfo duce (Reindel, Luitpoldinger 112); s. Anhang Dok. Nr. 5.

[67] „Bawarii sponte se reddiderunt Arnolfo duci et regnare eum fecerunt in regno Teutonicorum“ (Annales Iuvavenses Maximi 742). Zur damit verbundenen Kontroverse siehe Reindel, bei M. Spindler, I, 212 (Lit.).

[68] Widukind 40; Die Weitergabe dieser Wendung an die späteren Geschichtsschreiber bei Reindel, Luitpoldinger 120 ff. S. auch S. 9 Anm. 40.

[69] „Eidem Eparhardo Arnolfus dux pater eius regnum Baiovariorum concessit regendum post se“ (Annales Iuvavenses Maximi 743, a. a. 935; Reindel, Luitpoldinger 170).

Erst in dem Augenblick, als der König die Stadt betritt, an dessen Person und dessen Wirken auch jetzt wieder, wie zur Zeit Karls des Großen, große Geschichtsschreibung erwächst, erfährt auch Regensburg wieder die Aufmerksamkeit der Chronisten. Daß die Absetzung Eberhards, des Sohnes und Nachfolgers Arnulfs, 938 in Regensburg erfolgt sei, berichtet außer Aventin [70] kein Chronist. Bis zum Tode Bertholds 948, des Bruders Arnulfs, den Otto 938 als Herzog einsetzte, schweigt das einzige zeitgenössische bayerische Geschichtswerk wieder fast ganz, auch die älteren Alteicher Annalen, die jetzt einsetzen, bringen nur die Todesnachricht [71] – obwohl Berthold in Niederalteich begraben liegt. Sein Nachfolger wurde Heinrich, der Bruder Ottos I.; von der Anwesenheit des Königs in Regensburg 948 berichten nur die jüngeren Emmeramer Annalen [72], den Zweck seines Aufenthalts, vermutlich die Einsetzung Heinrichs, nennen auch sie nicht. Als Mittelpunkt Bayerns, mit dessen Besitz über die Herrschaft entschieden wird, erscheint Regensburg erst wieder in den Berichten zu 953 über den Aufstand des Königssohnes Liudolf und des bayerischen Pfalzgrafen Arnulf und seiner Brüder, der Söhne Herzog Arnulfs [73]. Besonders die Erzählung Widukinds ist beherrscht vom Eindruck der Unbezwinglichkeit der Stadt, die erst 955 nach zweimaliger Belagerung zur Übergabe gebracht werden konnte.

Bis zum Regierungsantritt Heinrichs II., nahezu ein halbes Jahrhundert also, erfahren wir dann wieder nur beiläufig von Regensburg. Die Nachricht von der Hinrichtung der gefangenen ungarischen Anführer 955 zu Regensburg ging dabei nahezu durch ganz Deutschland [74], ein Zeichen dafür, welcher Albdruck damit beseitigt war. 960, als Otto I. zu einem Reichstag nach Regensburg kam, dem einzigen, den er hier hielt, war die Anteilnahme der Chronisten ungleich geringer [75]. Von der Fürstenversammlung 976, die Otto II. nach Regensburg

[70] Annales, S. W. II 676 (Reindel, Luitpoldinger 185).

[71] Annales Iuvavenses Maximi 743; Annales Altahenses Maiores 8.

[72] SS XIII 48: „Heinricus dux effectus est. Et Otto rex Radasponam venit."

[73] Widukind 115, 120 f.; übernommen durch Annalista Saxo 610 f.; Thietmar von Merseburg 44 ff.; Regino von Prüm, Continuatio Trevirensis 167; Gerhardi Vita Oudalrici episcopi 398 ff.; Annales Iuvavenses Maximi 743 (vgl. Reindel, Luitpoldinger 204–210, dort auch die weiteren von Widukind abhängigen Berichte).

[74] Hermann von Reichenau 114; Gerhardi Vita Oudalrici 401 f.; Cronica ecclesiae Wimpinensis, MGH SS XXX/1 664; Chronicon Eberspergense, MGH SS XX (prius) 12; XXV (posterius) 870; Annales Marbacenses 21; Chronicon Benedictoburanum 233; Bernoldi Chronicon 422; Annales Admuntenses, 574; Heinrich von Herford, Chronicon 81; Thomas Ebendorfer, Chronica Austriae, hg. von A Lhotsky, SS rer. Germ. N. S. XIII, 1967, 61.

[75] Klewitz 83 vertritt die Ansicht, Otto sei damals nur zur Übergabe der Mauritius-

berief, um über den aufrührerischen Herzog Heinrich d. Zänker zu richten, gibt es nur noch einige kurze Notizen, hauptsächlich bei bayerischen und sächsischen Geschichtsschreibern, schließlich erzählt Thietmar von Merseburg noch kurz von dem feierlichen Empfang, den Bischof Gebhard im Januar des Jahres 1000 Otto III. bei seinem Besuch in Regensburg bereitete, vom Aufenthalt Ottos III. in Regensburg 996 wissen wir nur aus einer Urkunde[76] und einer beiläufigen Bemerkung bei Arnold von St. Emmeram[77]. Die Gestalt, die sich im Bewußtsein des ganzen Reiches mit Regensburg verbindet, ist in diesen Jahren weder der König noch der Herzog von Bayern, sondern der Heilige auf dem Bischofsstuhl, Wolfgang[78].

Die Königswahl des Jahres 1002 schuf auch in dieser Hinsicht einen völligen Wandel. Der neue König war zugleich Herzog von Bayern, seine Residenz war Regensburg[79], von jetzt an datiert ein neues Verhältnis des Landes Bayern wie seiner Hauptstadt zum Königtum, das bei allen Abwandlungen doch bis ins späte 12. Jahrhundert die wesentlichsten Züge bewahrt. Ein volles Jahrhundert fast war das Reich von seiner nördlichen Peripherie her beherrscht

Reliquien (dazu Thietmar von Merseburg 58; abhängig von ihm Annalista Saxo 615; Annales Magdeburgenses 147) nach Regensburg gekommen, der Reichstag sei damit nur verbunden worden. Vgl. auch Gerhardi Vita Oudalrici 406; Otto von Freising, Chronica 284 berichtet nur vom Aufenthalt Ottos in Regensburg. Zu 976 vgl. P. Schmid 44 f.; die Quellen: Continuatio Annalium Iuvavensium Maiorum 740; Thietmar 104; Annales Altahenses Maiores 13; Lamperti Annales 42.

76 D Otto III n. 190 S. 598.

77 SS IV 566.

78 Auch bisher werden die Regensburger Bischöfe in den Annalen und Chroniken nicht selten erwähnt, aber keiner von ihnen so häufig bzw. so allgemein wie Wolfgang, sei es nun von Zeitgenossen oder später. Er wird erwähnt: Thietmar von Merseburg 268 f.; Monumenta Erphesfurtensia 32, 419 f., 439, 623; Adalbert, Vita Heinrici Imperatoris, SS IV 792; Annales Zwifaltenses, SS X 53; Annales Altahenses 15; Annales Admuntenses 574; Annales Mellicenses, Auctarium Garstense 566 f.; Monachi Sazavensis Continuatio Cosmae 148; Annalista Saxo 653; Bernoldi Chronicon 392; Bertholdi Annales 268; Hermann von Reichenau 116; Vita Erhardi Episcopi Bavarici Auctore Paulo, SS rer. Merov. VI 19; Arnold von St. Emmeram 556–560, 563, 566; Gerhoh von Reichersberg, Epistola ad Innocentium papam, Libelli de Lite III 211.

79 Die Stadtherrschaft der liudolfingischen Herzöge in Regensburg ist nicht stringent beweisbar; sowohl Otto II. wie Otto III. treffen Verfügungen in Regensburg, beide erscheinen im Besitz der späteren Herzogspfalz (DD Otto II. n. 134, 976; DD Otto III. n. 294, 998) wie der Alten Kapelle (DD Otto II n. 14, 967), andererseits sind Nieder- und Obermünster vor 1002 herzoglicher Besitz (Otloh, Vita S. Wolfkangi 534; HEIDINGSFELDER 108), Heinrich d. Zänker stellt für Otloh neben Bischof Wolfgang die einzige in der Stadt wirkende Autorität dar, und Heinrich II. (als Herzog Heinrich III.) hält 995 ein „generale colloquium" in Regensburg (Vita Godehardi prior 175).

worden, so daß der Süden schon aus geographischen Gründen nur selten die Anwesenheit des Herrschers erlebte. In Bayern wie in Schwaben fehlten vor allem die wirtschaftlichen Grundlagen für den regelmäßigen Aufenthalt des Königs; das Königsgut in Bayern, so scheint es, hatte Otto I. 948 seinem Bruder Heinrich überlassen[80], die wiederholt anzutreffenden Verfügungen Ottos II. und Ottos III. hängen möglicherweise mit Veränderungen zusammen, die während der Erhebungen Heinrichs d. Zänkers getroffen wurden, und können so die Grundzüge der Verhältnisse nicht bestimmen.

Allerdings wurde auch unter Heinrich II., der von 1002 bis 1004, dann wieder von 1009 bis 1017 König und Herzog von Bayern zugleich war, das Reich nicht von Bayern aus regiert, das war nicht möglich, auch wenn der König selbst, dessen Vorliebe für Bayern Thietmar von Merseburg erwähnt[81], es gewollt hätte. Die Hauptlast der Kämpfe, die Heinrich mit dem Osten führte, trug das Herzogtum Sachsen mit seinen Vorlanden, dort lag auch nach wie vor die Hauptmasse des Königsgutes, auch die Besitzungen der Reichskirche, die Heinrich stärker als seine Vorgänger für den Königsdienst beanspruchte[82], waren in Sachsen dieser Aufgabe weit mehr gewachsen, als die ärmer ausgestatteten Kirchen und Klöster des Südens. So stehen die sächsischen Bischofsstädte Merseburg, mit 26 Besuchen des Königs, und Magdeburg, mit sechzehn, an der Spitze des Itinerars Heinrichs II., Regensburg mit elf folgt, wie Aachen (11), auf Bamberg (13) und lange nach Frankfurt (14), Mainz (14), und Allstedt (12) bei Merseburg[83]. Besonders bemerkenswert ist die Tatsache, daß Heinrich II. vor der Gründung Bambergs viermal in Regensburg weilte, nach 1007 nur mehr siebenmal, aber in der gleichen Zeit dreizehnmal in Bamberg, obwohl er im gleichen Zeitraum acht Jahre lang gleichzeitig das Herzogtum Bayern innehatte. Bamberg trat also geradezu an die Stelle Regensburgs, trotzdem steht gerade unter Heinrich II. die Stadt an der Donau wieder voll im Licht der Geschichte. Dem Schwerpunkt der Regierungstätigkeit des Königs entsprechend

[80] So nehmen Heusinger 73 und Rieckenberg 86 an; vgl. auch H. Bresslau, Konrad II., I 214, wo jedenfalls Anhaltspunkte für umfassende Entfremdung von Königsgut entnommen werden können.

[81] Thietmar 247, a. a. 1002: „hiis ita dispositis rex ad Bawariam perrexit, ut eis adventu suo et omni caritate innotesceret, quod eos praecipue inter omnes amaret". Vgl. dazu auch Rieckenberg 72.

[82] Heusinger 67 ff.; Klewitz 77, 85; Rieckenberg 71 ff.; Brühl, Fodrum 127 f.; Th. Schieffer, Heinrich II. und Konrad II. Die Umprägung des Geschichtsbildes durch die Kirchenreform des 11. Jahrhunderts (DA 8) 1951, 384–437, bes. 398 f.

[83] Th. Mayer, Königtum (Karte); s. auch Klewitz 85, wo die Osterfeiern aufgeschlüsselt sind, die in der Regel in Bischofsstädten, nicht an Pfalzorten, gehalten wurden. Die Zahlen auch bei Brühl, Fodrum 128, Rieckenberg 88. Vgl. auch Jordan 541 ff.

sind es vor allem sächsische Geschichtsschreiber, die uns dafür zeugen, Annalisten zu Hildesheim und Quedlinburg und Wolfher, der Biograph Godehards von Niederalteich, des Bischofs von Hildesheim. Vor allem Thietmar von Merseburg, der dem König auf all den mannigfaltigen Stationen seines Lebens folgt, findet auf diesem Weg immer wieder auch Regensburg an wichtiger Stelle.

Hier erfährt Heinrich in prophetischer Schau von seiner künftigen Bestimmung[84], hier huldigt ihm zum Abschluß des Königsumritts im November 1002 das Herzogtum Bayern[85], hier empfängt er die Gesandten der östlichen Länder, hier belehnt er 1004 und 1018 seinen Schwager mit dem Herzogtum Bayern, hier weilt er wiederholt an den hohen Festen des Kirchenjahres, auch drei Reichsversammlungen hält er in Regensburg, hier findet seine Mutter Gisela ihre Begräbnisstätte[86]. „Bawarii caput regni" nennt Thietmar von Merseburg die „urbs regia" Widukinds von Korvey[87]; als Hauptstadt Bayerns trat Regensburg jetzt tatsächlich wieder weithin sichtbar in Erscheinung. Diese ihre Funktion wurde zweifellos auch verdichtet durch die Schenkungen der Bischofshöfe im Umkreis der Pfalz an die Bischöfe des Reichssprengels Bayern[88], die dadurch am Pfalzort feste Residenzen erhielten und für den Reichsdienst verfügbar waren, wenn man ihrer bedurfte. Regensburg hat an Glanz und Bedeutung durch die Regierungszeit Heinrichs II. sicher gewonnen, auch wenn

[84] Die Anekdote „post sex" bei Otloh, Vita Wolfkangi SS IV 542 (dazu Heidingsfelder 106); Adalbert, Vita Heinrici II. imperatoris, SS IV 792. Eine Anspielung darauf findet sich auch in späteren Emmeramer Aufzeichnungen (SS XV/2, 1098).

[85] Thietmar 247 (Annalista Saxo 650): „Quem Ratisbonam venientem Gebehardus, eiusdem presul egregius, cum cleri tociusque populi tripudio suscepit ibique festum sancti Martini celebrantem in multis honorificavit". R. Schmidt, Königsumritt 141 ff. lehnt es allerdings ab, diesen Vorgang als Huldigung des Stammes zu bezeichnen, obgleich die Bayern bis dahin noch nicht genannt waren und der Umritt offenbar das Ziel hatte, „in allen Stammesgebieten des Reiches König zu werden" (ebd. S. 148). Ob der Umritt beim Einzug in Bayern schon abgeschlossen war, wie auch Rieckenberg S. 125 (Huldigung nicht notwendig „da er als bayerischer Herzog die Zustimmung des Stammes besaß") meint, ist doch fraglich, wenn man an den Hoftag vom 15. Januar 1003 zu Diedenhofen denkt, auf dem die Huldigung Lothringens erfolgte (Schmidt 167 f.).

[86] Thietmar 310 (1007); ihm folgen Annalista Saxo 653, 657; Thietmar 276 f. (Annalista Saxo 653), Thietmar 312 (Annalista Saxo 657); Thietmar 324 f. (Annalista Saxo 659); Annalista Saxo 673; dazu Schmid 46–52. Zu 1007 vgl. auch Ann. Quedlinburgensium Continuatio, MGH SS III 79; Vita Godehardi 185; Annales Hildesheimenses 30 (1010), 32 (1021); Thietmar 311.

[87] S. S. 9 Anm. 40.

[88] Rieckenberg 88; Schulte, Pavia und Regensburg; Heimpel 153; Sydow, HJb. 83 S. 15; Brühl, Zum Hauptstadtproblem. Heidingsfelder betrachtet die Schenkungen als Ausverkauf des Königsgutes und damit als Rückzug des Königtums.

der Kaiser Bamberg vorzog, trotzdem ist sein Andenken dort schon in kurzer Zeit erloschen. Wenige Jahrzehnte nach seinem Tod wird er zweimal kurz erwähnt[89], dabei gehört er kaum weniger unter die Wohltäter St. Emmerams als Arnulf. Er entschied 1021 den alten Streit um Aiterhofen zu Gunsten des Klosters, bestätigte ihm den Besitz aller Güter und verbot ihre Entfremdung durch den Bischof[90], das Bamberger Sakramentar Heinrichs ist Emmeramer Arbeit[91], das Verhältnis zum König scheint durch nichts getrübt gewesen zu sein. Das Regensburger Geschichtsbild wurde weitgehend von den Mönchen von St. Emmeram bestimmt, aber für den einzigen Heiligen unter den deutschen Königen, der allerdings im allgemeinen den Klöstern wenig entgegenkam[92], gab es in diesem Bild keinen Platz, der seiner wirklichen Bedeutung entsprochen hätte.

Nicht anders sollte es sich mit seinen Nachfolgern verhalten. Auch unter den Saliern behielt Regensburg seinen hohen Rang unter den deutschen Städten, doch obwohl jetzt erstmalig in Regensburg die Geschichtsschreibung aufblühte, nicht zuletzt hervorgerufen durch das Selbstbewußtsein, das der gesteigerten Bedeutung der Stadt entsprach, werden die Gestalt und das Wirken der Kaiser kaum erwähnt. Wieder erfahren wir von ihrer Verbindung mit der Stadt nur aus der Reichsgeschichtsschreibung oder aus wenigen zufälligen Zeugnissen.

Auch unter Konrad II. lag das Schwergewicht des Reichsguts in Sachsen, Goslar und Paderborn treten deshalb im Itinerar am stärksten hervor[93], doch Rhein und Main mit den Städten Worms und Mainz, das Ausgangsgebiet der Salier, spielen kaum eine geringere Rolle, regelmäßig aufgesucht wird aber auch der deutsche Süden mit Augsburg und Regensburg. Die Gleichmäßigkeit der Besuche scheint geradezu ein System zu spiegeln, so wie Konrad II. auch aus dem Umritt des neugewählten Königs, der bei Heinrich II. aus dem Zwang zur Herrschaftsgewinnung mit bewaffneter Macht entstanden war, erst jenes System gemacht hat, das dann verbindliches Recht wurde für die nächsten zwei Jahrhunderte[94]. Auf dem Königsumritt, dessen Sinn Wipo darlegte – der Regensburg nicht erwähnt, nur die Stämme und Herzogtümer – kam Konrad im

[89] Otloh, SS IV 542 (s. o. Anm. 84); Arnold, SS IV 567 f.; 571. Die Annales S. Emm. minores, SS XIII 48 berichten auch, was sonst nicht vorkommt, den Tod des Königs. Der Eintrag erfolgte wohl um die Mitte des XI. Jahrhunderts.

[90] DD Heinrich II. n. 441–443 S. 563/65, 1021 VII 3; Arnold SS IV 571; dazu Hirsch, Jahrbücher II 215 ff.; Budde 173.

[91] Swarzenski 63 ff.

[92] G. Matthäi, Die Klosterpolitik Heinrichs II., 1877.

[93] Th. Mayer, Königtum (Karte); Heusinger 69; Klewitz 78; Brühl, Fodrum 132 ff. Die Zahlen bei Mayer: Goslar 6, Worms 5, Regensburg und Augsburg 5, Mainz 4. Vgl. auch Jordan 543 ff.

[94] J. Ficker, Vom Reichsfürstenstand II/2, 23.

Frühjahr 1025 nach der Salbung und Krönung zu Mainz, der Erhebung auf den Stuhl Karls des Großen zu Aachen und dem Zug durch Sachsen, Thüringen und Franken auch nach Bayern, Ostern feierte er zu Regensburg, von hier aus durchzog er Bayern, Schwaben und Kärnten[95]. Damit erhält Regensburg keine außergewöhnliche Stellung im Reich der Salier, anders als unter Heinrich II. Doch schon in den letzten Jahren Heinrichs, der 1018 die Herzogswürde wieder an seinen Schwager Heinrich von Luxemburg verliehen hatte, als der Kaiser also nicht mehr zugleich Herzog von Bayern war, verzeichnet das Itinerar nur noch einen Aufenthalt in Regensburg, 1019; die Ausnahmestellung Regensburgs im Reich, wie sie ein volles Jahrzehnt nachweisbar ist, hing also mit der Doppelstellung des Königs zusammen, nicht mit Regensburg selbst. Diese Stadt ist zuletzt auch unter Heinrich II. nur der Vorort des Reiches in Bayern[96], das bleibt sie, ohne daß dabei vorerst hier ein Schwerpunkt der salischen Politik auszumachen wäre. 1027 bereits verdichteten sich jedoch die Beziehungen. Nach dem Tode Heinrichs von Luxemburg belehnte Konrad seinen eigenen Sohn Heinrich, den späteren Kaiser, mit dem Herzogtum Bayern, ein Vorgang, den wieder nicht Wipo mit Regensburg in Beziehung bringt, sondern der Biograph des Bischofs Godehard von Hildesheim. Von der Anwesenheit zahlreicher Bischöfe und des Adels unterrichten uns aber nur die damals ausgestellten Urkunden[97]. Vom Aufenthalt Konrads Ostern 1029 zu Regensburg und dem Tode des Bischofs Bruno von Augsburg, des Bruders Heinrichs II., in dieser Stadt erfahren wir jedoch wieder von Wipo[98]. Für die Vorgänge in Bayern haben aber weder Wipo, der Geschichtsschreiber des Königs, noch Hermann von Reichenau, so gut unterrichtet er auch über die kirchlichen Würdenträger in Regensburg ist, besondere Aufmerksamkeit übrig. Welche Lücken dabei offen bleiben, zeigt die Berichterstattung über den großen Reichstag 1034, der die Wiedereinsetzung des Böhmenherzogs Ulrich brachte, den Versuch, vor Antritt des burgundischen Erbes die Verhältnisse in Böhmen zu ordnen. Hermann von Reichenau schweigt gänzlich, Wipo berichtet nur, wie der Hildes-

[95] Wipo, Vita Chuonradi imperatoris, cap. 6: De itinere regis per regna; Vita Godehardi 208; Annales Hildesheimenses 34; Annalista Saxo 676; dazu BRESSLAU, Konrad II., I 37 ff.; P. SCHMID 53 f.; H. BEUMANN, Das Imperium und die Regna bei Wipo (Fschr. F. STEINBACH) 1960, 11–36; R. SCHMIDT, Königsumritt 99 ff., 150 ff., 159 f.

[96] HEIMPEL 153.

[97] Vita Godehardi 208; Der Biograph Meinwerks von Paderborn, SS rer. Germ. 59, 1921, 116; Annalista Saxo 677 (Vorlage: Annales Hildesheimenses Maiores, vgl. WATTENBACH-HOLTZMANN I 63, 72). DD Konrad II. n. 104–106, S. 147–149; P. SCHMID 54 f.

[98] SS rer. Germ. 61 ^{3}1915, 43; ihm folgend Hermann von Reichenau 121; Weihnachten 1028, wie die Annales Hildesheimenses 35 angeben, kommt nach BRESSLAU, Konrad II., nicht in Frage.

heimer Annalist, von der Anwesenheit des Kaisers zum Osterfest in Regensburg[99]. Zur gleichen Zeit setzen aber endlich die Alteicher Annalen voll ein, jenes bayerische Geschichtswerk, das nach einem vollen Jahrhundert wieder anknüpft an die Salzburger historiographische Tradition, damit tritt auch der deutsche Südosten seit langer Zeit wieder mit eigenständiger Geschichtsschreibung hervor, reich an Nachrichten vor allem über die Beziehungen zum Osten, damit aber auch für Regensburg, das noch immer das Tor zum Südosten darstellt. In den Alteicher Annalen[100] nun findet sich der ausführlichste Bericht, der allerdings auch den Glanz dieser Versammlung, zu welcher die bedeutendsten Fürsten des Reiches erschienen waren und welche unmittelbar dem Zug des Königs nach Burgund vorausging, nicht widerspiegelt. Auch die Alteicher Annalen sind, selbst da, wo es sich um Ereignisse in nächster Nähe handelt, knapp und zurückhaltend, bewegter werden sie nur bei der Schilderung des Ringens an der Grenze; vor allem in Bezug auf dieses wichtigste Anliegen des Annalisten erscheint Regensburg auch in seiner Funktion als Vorort.

Diese Stellung Regensburgs kommt nicht nur zum Ausdruck in der besonderen Präzision der Alteicher Berichterstattung, sondern bezeichnend dafür ist nicht weniger der ausgedehnte Beobachterkreis, der bei Anlässen dieser Art den Blick auf Regensburg richtet. Das Interesse ist dabei eigentümlich abgestuft. Vom Königsumritt, welcher den neuen König zu Weihnachten 1039 auch nach Regensburg führte, wo er einen Tag mit den Fürsten diesseits der Alpen hielt, nimmt der Alteicher Annalist Kenntnis, ohne die Versammlung näher zu beschreiben. Nur die Hildesheimer Annalen und der Annalista Saxo betonen mit der Kennzeichnung Heinrichs durch „Novus rex" den besonderen Charakter dieses Aufenthalts und erwähnen die Anwesenheit der Fürsten[101]. Umso erstaunlicher ist das Echo, welches der Regensburger Reichstag von 1041 findet, dessen Höhpunkt die demutsvolle Unterwerfung des besiegten Böhmenherzogs Bretislav und seine Lehenshuldigung bildete[102]. Den ausführlichsten,

[99] Wipo 51; Annales Hildesheimenses 38.

[100] Annales Altahenses 19; Auctarium Ekkehardi Altahense, MGH SS XVII 363; vgl. P. Schmid 58 ff.

[101] Annales Altahenses 23: „Rex Henricus natale Domini Radisponae feriavit et inde profectus Augustam venit". Annales Hildenheimenses 45: „Novus rex noster incarnationem Domini Radisbone decenter egit, et purificationem sancte Marie Auguste degens, placitum habuit cum Cisalpinis primoribus de rei publice stabilitate"; vgl. auch Annalista Saxo 684; DD Heinrich III., nn. 12, 13, 15, 16, 18, 20 S. 14–27; s. auch R. Schmidt 220 ff.

[102] P. Schmid 62 ff., die Zeugnisse: Annales Altahenses 27; Annales Sangallenses Maiores 84; Chronicon Suevicum Universale 71, gleichlautend mit den Annales Hildesheimenses 45 und Bernoldi Chronicon 425 sowie Ekkehardi Chronicon Wirziburgense 30;

allein alle Teile des Vorganges umfassenden Bericht bieten, wie nicht anders zu erwarten, die Alteicher Annalen, den glücklichen Feldzug, das Unterwerfungsangebot, die Unterwerfung selbst im Angesicht der versammelten Fürsten und schließlich die Huldigung. Nur das Ereignis, nicht aber den Ort erwähnt der Annalista Saxo, doch alle anderen Quellen nennen Regensburg, die älteren Annalen von St. Gallen, Hermann von Reichenau, Lampert von Hersfeld und die wörtlich gleichen Berichte im sog. Chronicon Suevicum Universale, in den Hildesheimer Annalen, bei Bernold und im Chronicon Wirziburgense. In dieser Quellengruppe, die wohl auf eine gemeinsame Vorlage zurückgeht, wird die Rolle Regensburgs im Zusammenhang des ganzen Vorganges ausdrücklich betont: Der Herzog hatte zu versprechen, dem König nach Regensburg zur Unterwerfung zu folgen[103]. Noch entschiedener, da ohne Zusammenhang mit der Rückkehr des Königs nach Regensburg, formuliert diesen Tatbestand der Alteicher Annalist[104]. Daß Regensburg die legitime Stätte für alle Verhandlungen mit den Fürsten und Völkern des Südostens sei, erklärt wenig später, im Zusammenhang mit den Kämpfen mit Ungarn 1042, der König selbst. In Paderborn im Mai 1043 von einer ungarischen Gesandtschaft aufgesucht, erklärte er, daß er keinen Vertrag schließen wolle, ehe er nach Regensburg gekommen sei[105]. In diesem Zusammenhang wird auch einer der Gründe für die regelmäßige Wahl Regensburgs als Verhandlungsort für Böhmen und Ungarn genannt, es geht dem König darum, die Markgrafen, Grafen und Bischöfe des Grenzgebietes bei den Beratungen zur Stelle zu wissen. Rücksichten besonderer Art auf sein Herzogtum Bayern wird man dabei von Seiten des Königs nicht annehmen dürfen, wie einst bei Heinrich II., hat er doch bereits 1042 dieses Herzogtum wieder aus der Hand gegeben, an Heinrich von Luxemburg, den Neffen Kunigundes, und zwar nicht in Regensburg, wie das herkömmlich war, sondern in Basel — eine Nachricht, die der Alteicher Annalist ohne den leise-

Hermann von Reichenau 123; Lampert von Hersfeld, Annales 56; Annalista Saxo 685. Regensburg als den Ausgangsort des Feldzuges nennen nur die Gesta Episcoporum Thungrensium, Traiectensium et Leodiensium, SS VII 219, bzw. eine zweite Rezension der Gesta Episcoporum Leodiensium, SS XIV 113.

103 „et ipsum post se Radisponam ad deditionem humiliter venire" (Annales Hildesheimenses 45); „Ratisponamque se ad regem venturum" (Hermann von Reichenau 123).

104 „Promisit quidem [Bretislav] sub iuramento se Radisbonam venturum et omnis subiectionis humilitate caesari subditurum . . ." (SS rer. Germ. IV, 27).

105 „Rex vero pertractans eorum intentionem scilicet quod impedire vellent eius expedicionem respondit, quia pactum facere nollet, priusquam Radasponam veniret, et nisi tunc tale quiddam super exhibita adderent, quod satrapae sui contra illius terrae populis probarent" (ebd. 33).

sten Tadel berichtet[106]. Das liegt wohl daran, daß er Heinrich III. vorbehaltslos verehrt, nicht daran, daß ihm Regensburg an sich gleichgültig wäre; in den Alteicher Annalen erscheint es weit öfter als in den außerbayerischen Berichten und mit weit größerer Anteilnahme, auch wenn nicht gerade jeder Aufenthalt des Königs festgehalten ist[107]. Bisweilen erfolgt die Erwähnung Regensburgs wie beiläufig, so 1045, beim Aufbruch nach Ungarn, oder 1048 zu Ostern, selbst 1049, bei der Verleihung des Herzogtums Bayern an Konrad, den Enkel des Pfalzgrafen Ezzo[108], dann wieder scheint die Stadt an Bedeutung zu gewinnen, die sie weit über andere heraushebt. Wenn 1044, nach dem Sieg bei Menfö, Regensburg wieder genannt wird, so verbindet sich auch diesmal, wie 1041, mit dem Bericht ein besonderer Sinngehalt; damals war es die hier sichtbar gewordene Erhöhung des Reiches, jetzt wird der zu Regensburg durch den König, die Fürsten, durch Klerus und Volk dem Himmel dargebrachte Dank für den Sieg festgehalten, wobei wieder Regensburg gewissermaßen stellvertretend steht für das ganze Reich[109]. Das außerordentliche Ereignis von 1052 jedoch, der Aufenthalt Papst Leos IX. in Regensburg und die Erhebung der Gebeine der Heiligen Wolfgang und Erhard, steht wieder beziehungslos und gänzlich ohne Nachdruck mitten zwischen Nachrichten verschiedenster Art[110]. Dabei hat kein Ereignis der Regensburger Geschichte dieser Zeit größere Beachtung gefunden, kaum ein süddeutscher Geschichtsschreiber, vor allem der nächsten Epoche, geht daran vorbei[111]. Auch der Regensburger Reichstag von 1054 findet in den Alteicher Annalen nur kurze Erwähnung, ebenso bei Hermann von Reichenau[112], der Zweck, wahrscheinlich die Präsentation seines Sohnes Heinrich, den er zu Weihnachten 1053 zu Oetting ernannt hatte, als Nachfolger des abgesetzten bayerischen Herzogs Kuno[113], wird nicht erwähnt. Ganz knapp be-

[106] Annales Altahenses 31. Zu Regensburg als dem rechten Ort für die Belehnung s. G. Läwen, Stammesherzog und Stammesherzogtum, 1935, 64.

[107] Z. B. 1042 VIII 29 (Reichsversammlung, s. P. Schmid 65 f.); 1043 X (DD Heinrich III. n. 97, 110, 111 S. 123, 139 f.).

[108] Annales Altahenses 39, 44 f.; Die Belehnung zu Regensburg auch bei Hermann von Reichenau 128.

[109] „Non prius gustavit (der König) ea die quippiam, quam templa omnia nudis pedibus et in laneis circuivit et altaria templorum singulis palliis vestivit. Non visa prius in ea urbe tanta divina exultatio plebis et principum, tam devota clericorum et monachorum et virginum Christi laudatio" (Annales Altahenses 37).

[110] Annales Altahenses 48.

[111] S. S. 47 Anm. 61; Hermann von Reichenau 131 erwähnt das Ereignis nicht, auch nicht das Chronicon Benedictoburanum (MGH SS IX 224), das nur von der eigenen Privilegierung berichtet.

[112] Hermann von Reichenau 133; Annales Altahenses 49.

[113] Ebd. 49.

richtet wird auch über den großen Reichstag zu Regensburg 1055, auf welchem Spitihnew, der Sohn Bretislavs, als Herzog von Böhmen eingesetzt und Bischof Gebhard von Eichstätt als Papst nominiert wurden[114]. Auch das ist ein einmaliges Ereignis, wie der Besuch eines Papstes in Regensburg, doch nur ein Eichstätter Domherr berichtet ausführlich darüber[115].

Die Gegenwart des Königs in Regensburg erscheint, sowohl am Itinerar des Königs[116] gemessen wie an der Aufmerksamkeit, welche die Geschichtsschreiber der Zeit der Metropolis Bavariae zuwenden, unter Heinrich III. an Intensität nicht verloren zu haben. Allgemeine Beachtung erfahren aber nur zwei freilich bedeutende Ereignisse, der große Reichstag von 1041 und der Aufenthalt des Papstes 1052, im übrigen haben wir in der Regel vereinzelte Berichte, umfassend ist jedoch die Berichterstattung des Alteicher Annalisten. Trotz des nachweisbaren außerordentlichen Interesses, mit welchem er Regensburg beobachtet, läßt sich doch bei ihm bis zur Jahrhundertmitte und darüber kein irgendwie in einen Begriff verdichtetes Bild von Regensburg feststellen. Goslar, wo sich Heinrich III. noch öfter aufhielt als zu Regensburg, nennt er einmal „villa regalis"[117], Stadt des Königs also, Speyer erhält die Beifügung „dilecto sibi in loco"[118], Regensburg wird nur mit Namen genannt, sehr gern in der altertümlichen Form „Radaspona"[119], ohne daß jedoch die damit verbundene Sinngebung aus dem Zusammenhang erhellt. Wenn für Regensburg eine besondere Rolle – kein besonderer Rang – in den Alteicher Annalen sichtbar wird, dann ist es jene Funktion gegenüber den Ländern im Südosten, die seit der Besitzergreifung Bayerns durch Karl den Großen Regensburg vor den anderen Zentren des Reiches auszeichnet, so wie Worms, Ingelheim oder Aachen für den Westen, Augsburg für Italien[120]. Der Ton der Berichterstattung ist dabei stets nüchtern, die Feststellungen fallen ohne jeden Überschwang, die Beziehungen werden rein rational erfaßt. An keiner Stelle wird, was bei den nahen Beziehungen Niederalteichs zu Regensburg verständlich gewesen wäre, das Bewußtsein einer besonderen Auserwähltheit Regensburgs spürbar – dieses Bewußtsein ist also noch nicht so erstarkt, daß es damals, um 1070, außerhalb

[114] Ebd. 50; zu beiden Reichsversammlungen s. P. Schmid 66 ff.

[115] Anonymus Haserensis, SS VII 265.

[116] Rieckenberg 105, 109; Klewitz 87; Heusinger 158, dort die Zahlen: Goslar 18, Regensburg 15, Speyer 11, Aachen 8, Straßburg 7, Worms 7, Ulm 7, Bamberg 6, Merseburg 6.

[117] Annales Altahenses 50.

[118] Ebd. 38.

[119] Z. B. ebd. 33, 45, das geht vielleicht zurück auf die Annales Fuldenses (s. S. 51).

[120] Ebd. 39.

Regensburgs bereits gewirkt hätte. Es entsteht überhaupt erst wenige Jahre zuvor, im Zusammenhang mit der ersten großen Blüte der Regensburger Historiographie.

3. Kapitel

Die Regensburger Geschichtsschreibung des 11. Jahrhunderts

Geschichtliches Bewußtsein entsteht vor allem in Zeiten, da der Höhepunkt einer ansteigenden Entwicklung erreicht ist und alle Kraft angespannt werden muß, das Erreichte zu bewahren. Was das auch immer sein mag, Macht und Reichtum oder eine sittliche Wertordnung, die in nicht weniger aufreibenden Kämpfen durchgesetzt werden muß, jedenfalls fordert das Ausklingen der ersten stürmischen Impulse, das Erlahmen der Kräfte, die zunächst naiv und unbewußt ans Werk gegangen waren, heraus und erzwingt, wenn der Verfall aufgehalten werden soll, den Einsatz neuer Mittel. In der Geschichtsschreibung nun werden Ziel und Weg, die einzusetzende Kraft und die Hemmnisse und Widerstände bewußt gemacht; die Analyse des Geschehenen ist gedacht und wirkt als Heilmittel.

Es ist sicher kein Zufall, daß echte Geschichtsschreibung, d. h. reflektierte Darstellung vergangenen Lebens und Wirkens, in Regensburg erst nach der Wende des ersten Jahrtausends einsetzt, und zwar im Benediktinerkloster St. Emmeram. Bedeutende Träger geistigen Lebens hat es in Regensburg, in St. Emmeram vor allem, auch vorher schon gegben, es fehlte aber offenbar das Bedürfnis, die Vergangenheit zu überdenken. Sicher fehlte auch die besondere Schulung, die erst zu historischem Verständnis führt. Eine wesentliche Voraussetzung für die nun folgende Epoche war auch die mitreißende Bildungsbewegung, die mit der Lothringer Reformbewegung verbunden war und im letzten Viertel des 10. Jahrhunderts auch St. Emmeram ergriff. Abt Ramwold, von Bischof Wolfgang aus St. Maximin in Trier berufen, sorgte für eine Fülle von Neuerwerbungen für die Bibliothek, unter seinem zweiten Nachfolger Richolf bilden sich Beziehungen zu einem der bedeutendsten Bildungszentren Frankreichs, zu Chartres [1], in der nächsten Generation hören wir sogar von Beschwerden über einen zu eifrigen Umgang mit der klassischen Literatur der Antike in St. Emmeram. Das Erwachen des historischen Geistes kann aber im

[1] B. Bischoff, Literarisches und künstlerisches Leben in St. Emmeram (Regensburg) während des frühen und hohen Mittelalters (StMBO 51) 1933, 105 ff.; wieder in Mittelalterliche Studien, II, 1967, 80 ff.; die Zitate folgen den mittelalterl. Studien.

Zusammenhang mit der Strenge und dem Ernst des Reformstrebens, das in St. Emmeram zu beobachten ist, nur zur Besinnung auf die Grundlagen dieser eigenen Haltung führen, nicht zur Versenkung in den Gang der Welt und ihrer Dinge. Die profane Gemeinschaft, in die das Kloster mit den dort ruhenden heiligen Leibern hineingestellt ist, scheint für eine solche Besinnung zunächst überhaupt nicht zu existieren; nur das Vorbild, dem der wahre Mönch nachzueifern hat und das es deshalb in aller Treue zu erforschen und darzustellen gilt, der Heilige, ist würdiges Objekt des Rückblicks in die Vergangenheit. Das Bestreben, die eigene Vergangenheit lebendig zu machen für die Gegenwart, ist in seiner Wirkung zunächst beschränkt auf die Förderung der Klosterzucht und Askese und die Erneuerung der Liturgie, aber der Lobpreis der heiligen Vorbilder scheint doch auch seine literarische Eigengesetzlichkeit zu haben, die wieder zurückwirkt auf die Sinngebung des Geschichtswerks. Der Ruhm, der sich mit der heroischen Größe der Heiligen verbindet, wird auch auf die Stätte übertragen, die den heiligen Leib birgt. Dieser Ruhm wird schließlich zur Grundlage des Selbstverständnisses, das die klösterliche Gemeinschaft entwickelt, die diese Stätte bewacht, von der Verbreitung dieses Ruhmes hängen ihre Anziehungskraft und Ausstrahlung ab, damit ihre Fähigkeit, die Führungsaufgabe auszuüben, welche ihr als Träger großer Ideen zukommt.

Die eben skizzierte Entwicklung läßt sich besonders in den literarischen Erzeugnissen St. Emmerams im 11. Jahrhundert deutlich verfolgen. Der Heilige des Klosters steht von Anfang an im Mittelpunkt, an der literarischen Beschäftigung mit ihm, seinem Leben und seinem Wirken steigert sich das monastische Selbstbewußtsein bis zum völligen Einschluß auch der profanen Welt in den heiligen Bereich. Am Beginn dieser Beschäftigung steht die poetische Nachgestaltung der Emmeramsvita Arbeos durch den zu Chartres gebildeten Hartwic, wohl den späteren Abt (1028–1030)[2]. Der hagiographische Bezug ist so ausschließlich gewahrt, daß Hartwic noch hinter Arbeo zurückbleibt, der doch das Land und seine Bewohner, die Zeit und die Umstände der Geschehnisse in großer Anschaulichkeit gezeichnet hatte. Bei Hartwic drängt sich die großartige Schilderung Regensburgs der Vorlage zusammen in die dürre Abstraktion der „Regina metropolis", einer bloßen Übernahme aus Arbeo in literarischer Variatio des Städtenamens durch Anleihe vielleicht bei Notker dem Stammler[3], ohne weitergehenden Anspruch, aber doch nicht ohne fortwirkende

[2] WATTENBACH-HOLTZMANN I/2, 268; BISCHOFF, Lit. Leben 83 f.; B. BISCHOFF, Leben und Leiden des Hl. Emmeram, 1953, 97; BRUNHÖLZL, bei SPINDLER I 492; Druck: E. DÜMMLER, Gedichte aus Münchener Handschriften (NA 7) 1882, 605–608; MGH Poetae V, 517–521; Zit. v. 23.

[3] S. S. 50 Anm. 78.

Beispielhaftigkeit. Regensburg wird jetzt auch, nach dieser ersten Übernahme einer solchen Charakterisierung, für die Regensburger Geschichtsschreibung schlechthin die Hauptstadt, bis mit der Bezeichnung endlich auch der Anspruch formuliert wird. Dazu bedarf es jedoch noch mehrerer Schritte.

Die nächste Stufe der Entwicklung finden wir nicht in Regensburg, sondern in der Vita S. Emmerami des Magdeburger Domscholasters Meginfried, einer modernisierten Umarbeitung Arbeos, die Arnold von St. Emmeram während seiner Verbannung nach Magdeburg von Meginfried erbeten hatte. Jetzt ist das Gewicht des Namens Regensburg so erheblich gesteigert, daß man in St. Emmeram selbst noch nicht folgen wollte. Meginfried sagt von Regensburg: „Einst der Vorort ganz Germaniens, dem Namen und der Würde seiner Fürsten nach, zur Gegenwart noch des bayerischen Stammes, die Hauptstadt eines alten Geschlechts"[4]. Meginfried folgt hier nicht Arbeo allein, er bezieht seine Sicherheit wohl auch aus der Bezeichnung Thietmars von Merseburg[5], meint also die gegenwärtige Stellung Regensburgs um 1030, nicht jene zur Zeit des hl. Emmeram. Wahrscheinlich steht hinter dieser Anschauung bereits Arnold von St. Emmeram, der gerade die Zeit Kaiser Arnulfs, zu der Regensburg wirklich Hauptstadt des ostfränkischen Reiches war, besonders eindrucksvoll dargestellt hat, aber Arnold selbst hat seine Auffassung in seiner Fortführung der Emmeramserzählung[6], die er seit 1035 niederschrieb, doch sehr viel gedämpfter vorgetragen. Das hängt zusammen mit der strengen Konzentration auf sein Thema, die Gestalt des Heiligen. Arnold bettet zwar die Wunder des hl. Emmeram und die Gnadenerweise Gottes ein in die Geschichte, seine Bücher sind voll reicher Nachrichten über Könige, Fürsten, Bischöfe und Äbte, Nachrichten, die aus guten, zum Teil inzwischen verschollenen Quellen, zum Teil wohl auch aus mündlicher Klostertradition stammen. Eigentlich historischer Sinn jedoch, der Sinn für die Verankerung des menschlichen Wirkens in der Zeit und im Raum, ist kaum zu spüren. Die entschiedene Grundsätzlichkeit, mit welcher Arnold sein hagiographisches Thema verfolgt, verengt sich dennoch nicht zu streng abstrahierender Spiritualität. Neben dem Heiligen steht als zweiter,

[4] Acta Sanctorum, Sept. VI 490 cap. 4: „Ubi cum defluentis Histri fluminis imperium sequeretur, Ratisbonam accessit urbem, quae olim totius Germaniae, et nomine et dignitate principum, et adhuc ejusdem gentis metropolis, antiquae prosapiae caput ...".

[5] S. S. 9 Anm. 42.

[6] Ex Arnoldi libris de S. Emmerammo, MGH SS IV 543–574 (= Acta Sanctorum, Sept. VI 494–511); De miraculis et memoria beati Emmerammi, PL 141, 985–1090. Zu Arnold s. RIEZLER ²I/2 100 ff.; MANITIUS II 306 ff., BISCHOFF 84 ff., WATTENBACH-HOLTZMANN I/2 269 ff.; K. POLHEIM, Die lateinische Reimprosa, ²1963, 394. SPINDLER II 447 (H. Glaser), 492 f. (F. Brunhölzl).

kaum weniger ernst genommener Gegenstand des literarischen Bemühens die Kirche, die den heiligen Leib birgt, und das Kloster, das über ihn zu wachen hat[7]. Der konkrete Ort des heiligen Wirkens, und Fortwirkens in leiblicher Präsenz auch nach dem Heimgang, ist also bei Arnold keineswegs ausgespart, von Bedeutung ist er freilich nur in Bezug auf den Heiligen. Auch Rom, „mundi domina vel rerum maxima“, ist das nur wegen der heiligen Leiber und der vielen Kirchen und Klöster[8], nicht wegen seiner großen Vergangenheit und seiner imponierenden Gestalt. Diese Einschränkung gilt auch von der Stadt, die das Kloster des hl. Emmeram umschließt, gilt vom Land Bayern und vom ganzen Reich; seine Stadt, so betet Arnold, möge der hl. Emmeram schützen, „almi corporis urbem“, das Heil Bayerns beruht auf seiner Hilfe[9], und von Kaiser Arnulf berichtet Arnold, dieser habe den hl. Emmeram zu seinem persönlichen Schützer und zum Patron seines Reiches erwählt[10]. Im übrigen aber nennt er, anders als Meginfried, nur den bloßen Namen der Stadt Regensburg, ohne jeden charakterisierenden Zusatz. Umso erstaunlicher ist das gelehrte Spiel, das er dabei mit dem Namen selbst betreibt, und das dem Ernst des Themas kaum mehr entspricht, aber um so mehr von der Bindung verrät, die Arnold gegenüber Regensburg verspürte. Daß gerade der Name der Stadt, in deren Mauern das Kloster und das Heiligtum des hl. Emmeram lagen, für die Schaustellung der gelehrten Bildung benutzt wurde, darf aber auch aus einem anderen Grund nicht überbewertet werden. Arnold betont weder den besonderen Rang Regensburgs als Hauptstadt Bayerns, was durch Arbeo oder durch Thietmar nahegelegt würde, noch bemüht er sich um den Nachweis ausnehmenden Alters und damit besonderer Würde für die Stadt wie für die Bischofskirche. Er spielt weder auf die römische Gründung an, noch versucht er, eine lückenlose Bischofsreihe seit den ältesten Zeiten zu konstruieren[11]. Er versucht nach keiner Richtung hin, irgend eine Legende von Regensburg zu schaffen[12].

[7] Zu den reichen Angaben Arnolds über die Baugeschichte von St. Emmeram s. M. Piendl, Fontes monasterii S. Emmerami Ratisbonensis. Bau- und kunstgeschichtliche Quellen (Quellen und Forschungen zur Geschichte des ehemaligen Reichsstiftes St. Emmeram in Regensburg. Thurn und Taxis-Studien I) 1961, 17 ff.

[8] SS IV 567 Z. 47; vgl. dazu Manitius II 309 f.

[9] Acta Sanctorum, Sept. VI 512, Hymnus.

[10] SS IV 551 Z. 7; s. auch S. 110.

[11] SS IV 549: „absque certis episcopis post Romana tempora“; ebd. 564: „Non habetur certum, quis primus in illo loco plantator fuerit divinarum plantationum ... Igitur sicut ecclesiasticarum testantur scripta donationum et traditionum, haec sedes habuit episcopos, primum ... Lupum et ... Ratharium, ante ordinationem beati Bonifacii ...“; vgl. auch PL 141 col. 1043.

[12] Piendl, Pfalz Kaiser Arnulfs 97.

Was von Arnold von St. Emmeram als Beitrag zur Steigerung des Regensburger Selbstgefühls wirksam sein mochte, waren also die Wunder des hl. Emmeram, welche Kloster und Stadt als besonders begnadete Stätten auswiesen und ihnen unter Arnulf die besondere kaiserliche Gunst erwirkten, vor allem die Fülle der Namen, die bald, wie es scheint, auf besondere Würde zurückgeführt wurde. Auch der etwas jüngere Mitbruder Arnolds, der als Schriftsteller noch ungleich berühmtere Otloh, hat in seinen vielen Heiligenviten oder in seinen autobiographischen Schriften nie versucht, diese schwachen Ansätze zu einem Bilde Regensburgs, das etwa jenem von Trier gleichgekommen wäre, weiterzuführen. Otloh zeigt in seinen Viten, in besonders vorbildlicher Weise in der Vita S. Bonifatii, einen außerordentlich entwickelten kritischen Sinn, doch auch ihm ging es nicht um die absichtslose Wiedererweckung der Vergangenheit als Thema kunstvoll gestalteter Erzählung, zu literarischen Zwecken also, sondern um die asketische und religiöse Wirkung der Exempla der Heiligen; die Frage der Klosterzucht, auch wenn sie noch so leidenschaftlich und vermengt mit konkreter politischer wie wirtschaftlicher Zielsetzung behandelt wird, ist wohl für Otloh in diesem Komplex eingeschlossen. Der Ort, in dem sich das Ringen seiner Heiligen abspielt, ist deshalb nahezu bedeutungslos, sein Thema sind ihre Leiden und Verdienste, auch an ihrem Fortwirken über den Tod hinaus ist für Otloh bedeutungsvoll nur ihre vorbildhafte Wirkung, nicht die Bindung ihrer Leiber an eine bevorzugte Stätte[13]. Nur Regensburg selbst wird von dieser Zurückhaltung bisweilen ausgenommen; in seiner Vita S. Bonifatii fügt Otloh der Erwähnung Regensburgs in der Vita Willibalds bei: „quae Metropolis Bagoariae est"[14], in einem deutschen Gebet seiner Spätzeit bittet er für sein Kloster und „desi stat Regensburg"[15]. Anzunehmen ist dabei, daß auch der Autor sich als Glied der genannten profanen Gemeinschaft emp-

[13] Zur religiösen Grundhaltung Otlohs s. besonders W. Schröder, Der Geist von Cluny und die Anfänge des frühmhd. Schrifttums (Beiträge z. Gesch. d. dt. Sprache u. Lit. 72) 1950, 371–382; G. Misch, Geschichte der Autobiographie III/1, 1959, 57–107 (Lit.). Vgl. auch Wattenbach-Holtzmann I/2, 272 ff.; Manitius II 83–103; H. Schauwecker, Otloh von St. Emmeram (StMBO 74) 1963, 5–240, bes. 52 ff.; zu seinen Schriften vor allem Bischoff 88–108; s. auch Spindler II 448 ff. (H. Glaser), 493 ff. (F. Brunhölzl). Otloh schrieb u. a. die Lebensbeschreibungen des hl. Wolfgang (SS IV 525 ff.) und des hl. Bonifatius (SS rer. Germ. ed. W. Levison, 1905), des hl. Magnus, des hl. Alto (SS XV 843–846). Zur hagiographischen Leistung Otlohs s. H. Grundmann, Geschichtsschreibung im Mittelalter, 1965, 31; M. Coens, La vie de S. Magne de Füssen par Otloh de Saint-Emmeram (Analecta Bollandiana 81) 1963, 174 ff.; Schauwecker, StMBO 74 S. 41 ff.

[14] Vitae S. Bonifatii, ed. W. Levison, SS rer. Germ. 1905 S. 146 z. 10; vgl. ebd. S. 38 (Vita des Willibald).

[15] Schröder 380 f.

findet. Besonders deutlich wird gerade dieser Sachverhalt durch eine Äußerung in der Vita S. Bonifatii, wo sich Otloh mit der ganzen deutschen Nation identifiziert[16]. Eine solche Wendung zur Vita externa, die sich hier mit einem so frühen Zeugnis deutschen Nationalgefühls belegen läßt, war also bei Otloh stets möglich. Wie weit schließlich Otloh zur Durchsetzung seines kirchenpolitischen Hauptzieles, der Freiheit des Klosters St. Emmeram von der bischöflichen Herrschaft und der Unterstellung unter den Schutz des Kaisers, zu gehen bereit war, zeigen die ihm ohne allen Zweifel zu Recht zugeschriebenen Fälschungen kaiserlicher und päpstlicher Diplome[17]. Damit erscheint auch die Zuschreibung jenes Berichtes, in welchem die Translatio des Leibes des hl. Dionysius aus Paris nach St. Emmeram behauptet wird, an Otloh nicht ausgeschlossen[18]. Hier, mitten in einem weitgehend hagiographischen Bericht, findet sich die erste in Regensburg selbst auftretende Selbstbestätigung des Ranges dieser Stadt. Der ältere Bericht[19], der wohl um 1050 entstanden ist, strebt wohl nicht gerade Gleichstellung St. Emmerams mit der Kirche von Saint-Denis, die 1124 von König Ludwig VI. von Frankreich als „caput regni nostri" bezeichnet wurde[20], oder von Regensburg mit Paris, der „sedes regia" bei Hildwin[21] an, doch richtet sich bereits die hier zu findende Einführung Regensburgs als „Bawariae urbs metropolitana" wie als „dilectissima ... regni sui sede" für Kaiser Arnulf[22] auf ein grundsätzlich anderes Ziel als auf die notwendige Sicherung des königlichen Schutzes für St. Emmeram[23]. Es ging zweifellos um

[16] Otloh begründet den Verzicht auf die Wiedergabe der Briefe des Bonifatius nach England „maxime cum nobis sufficiant nostra. Nostra autem dico, quae pro patribus nostris, Germanis scilicet salvandis scripsit ..." (Vita S. Bonifatii, ed. W. Levison 157).

[17] J. Lechner, Zu den falschen Exemtionsprivilegien für St. Emmeram in Regensburg (NA 25) 1900, 627–637; R. Budde, Die rechtliche Stellung des Klosters St. Emmeram zu den öffentlichen und kirchlichen Gewalten vom 9.–14. Jh. (A. f. Urkundenforschung) 1914, 153–238. Die Einwände von H. Philipp-Schauwecker, Otloh und die St. Emmeramer Fälschungen des 11. Jahrhunderts (VO 106) 1966, 103–120, überzeugen nicht.

[18] Zu den Bedenken Philipp-Schauweckers 113 f. s. Bischoff 102 ff., 107; Kraus, Translatio.

[19] Translatio et Inventio Sancti Dionysii Ratisponensis, hg. v. Hofmeister, MGH SS XXX/2, 1926, 823–837; dazu E. Dümmler, Über den Mönch Otloh von St. Emmeram (Sb. A. d. W. Berlin) 1895, II, 1071–1102; L. v. Heinemann, Die älteste Translatio des hl. Dionysius (NA 15) 1890, 331–361; Bischoff 102 ff.; G. Leidinger, Der Codex Aureus der Bayerischen Staatsbibliothek München, 1925, 31 ff.

[20] P. E. Schramm, Der König von Frankreich I, 1939, 135 f.

[21] Hildwin, Passio Sanctissimi Dionysii, PL 106, col. 40 c cap. XX.

[22] SS XXX/2 824, 827; vgl. auch ebd. 825: „verum etiam idem imperator prae omnibus regni sui locis venerabilius amaret".

[23] L. v. Heinemann, Die älteste Translatio des Hl. Dionysius (NA 15) 1890, 338 f.

den Versuch, St. Emmeram durch einen neuen, noch berühmteren Heiligen die Stellung zurückzugewinnen, die es einst unter Kaiser Arnulf innegehabt hatte. In einem zweiten Ansatz wird dieser Versuch ausgedehnt auf die Stadt Regensburg selbst.

Dieser jüngere Emmeramer Translationsbericht[24] wird im allgemeinen auf 1060 datiert, da Abt Reginward, dem sie gewidmet ist, um diese Zeit gestorben ist, er ist aber nicht vor 1080 entstanden[25]. In antikisierender Rhetorik wird im Hauptteil die schlichtere ältere Fassung des Berichts vom Raub des hl. Leibes im Auftrage Kaiser Arnulfs, seine Überbringung nach Regensburg und seine Wiederauffindung ausgeschmückt und breiter ausgesponnen, von allgemeiner geistesgeschichtlicher Bedeutung ist aber nur der vorangestellte fingierte Brief eines Emmeramer Mönchs an Abt Reginward. In diesem Brief, der eine Parallele darstellt zu den Briefen Hildwins von Saint-Denis an Ludwig den Frommen, die er um 830 seiner „Vita et Passio Sanctissimi Dionysii" vorausschickte[26], war zum einen die religiöse wie die politische Bedeutung des Heiligen als Schutzherr der Fürsten und Reiche[27] herauszustellen, zum anderen war auch die Auserwähltheit der neuen Wohnstätte des Heiligen zu begründen. Dieser

verweist zur Begründung der Autorschaft Otlohs auf den engen Zusammenhang zwischen der Translatio und den beiden gefälschten Privilegien für 1052, in denen Exemtion und Anerkennung der Translation des Hl. Dionysius durch Papst und Kaiser vereint sind, doch verweist gerade er im selben Zusammenhang darauf, daß diese beiden Privilegien eben nicht um die Mitte des 11. Jahrhunderts entstanden zu sein scheinen. Ihre Abfassung kann tatsächlich nicht vor 1090 liegen (s. KRAUS, Translatio). Damit steht fest, daß aus den beiden Translationsberichten die politisch-juristischen Folgerungen erst lange nach Otloh gezogen wurden.

[24] Anonymi Ratisbonensis Translatio S. Dionysii Areopagitae, MGH SS XI, 1854, 343–375; Druckvorlage: J. B. KRAUS, De translatione corporis S. Dionysii Areopagitae, 1756. Klassische Zitate werden nachgewiesen bei M. MANITIUS, Bemerkungen zu verschiedenen Quellenschriften (NA 13) 1888, 642 ff.; zur stilistischen Form siehe vor allem Bischoff 107.

[25] KRAUS, Translatio.

[26] PL 106, 13 ff. In St. Emmeram existierte eine Abschrift von der Hand Otlohs, jetzt Clm 14871; ein Geschenk Otlohs an Fulda war die Hs. der gleichen Vita, jetzt London, Brit. Mus. Add. 22793.

[27] SS XI 351 z. 38: decus patriae"; ebd. 352 z. 26: „patriae patronum"; ebd. 357 z. 39: „sanctissimum patronum"; ebd. 361 cap. 15: Kaiser Arnulf, der von sich sagt „Cum innumera gesta sanctorum, quae legi, recolo, nullum invenio parem Dionysio", will den Leib des Heiligen besitzen, wie er sagt, „ad tutelam mei meorumque posterum, etiam totius regni" wie umgekehrt (369) Abt Ebulo von S. Denis nach der Entdeckung des Verlustes klagt: „patriam pessumdedi, regnum Galliae perdidi ... Hoc protectore Gallica regna stabant, et in omni bellorum turbine inconvulsa manebant"; „plus Gallia atque Germania valentem" nennt den hl. Dionysius das Prooemium (355 z. 20).

Gedankengang führt zum eigentlichen Höhepunkt. Auch dafür, wie für die Skizzierung seiner religiösen Bedeutung, hat Hildwin von Saint-Denis den Weg gewiesen, doch was in der Passio am Rande steht, als Einrahmung der Lebensgeschichte des Glaubensboten und Martyrers, wird im Brief an Reginward zum Hauptinhalt. Hildwin gibt zu Beginn der Vita eine glanzvolle Beschreibung Athens, der Heimat des Heiligen, und mit dem Ausgang seines Lebens ist dann eine neue Stadt verbunden, Paris, die ebenfalls eine warme, aber ungleich knappere Würdigung erfährt[28]. Ausgang und Anfang sind so verbunden, Athen und Paris gleichermaßen als begnadete Stätten herausgehoben. Im Brief an Reginward wird für die Beschreibung Regensburgs die Mitte gewählt, auf welche alles zuläuft und von der auch der Fortgang seine Bedeutung erhält, sie ist also der eigentliche Beweggrund für die Abfassung des einleitenden Briefes. Nicht mehr der Heilige steht im Mittelpunkt, wie bei Hildwin, der in seiner Passio keine Erhöhung der „sedes regia" Paris mit Dionysius verbunden hat, sondern trotz der weitgehend wörtlichen Anlehnung des Autors an Hildwin[29], die Stadt.

Bisher hatte nie ein Regensburger Geschichtsschreiber das Lob seiner Vaterstadt literarisch verewigt; auch jetzt verlangte es wohl der Takt, daß die entscheidenden Sätze nicht der Erzähler selbst sprach, sondern sie anderen in den Mund legte. Auch der Versuch, die Wahrheit des älteren Berichts zu bestätigen, mußte eindrucksvoller ausfallen, wenn die wichtigsten Fakten von anderer Seite neu vorgebracht wurden. Zu diesem Zweck erfand der Autor die Gespräche zu Saint-Denis und zu Regensburg, deren wichtigste Gestalt der Abt von Reims war, hier wie dort eilen die Gespräche rasch zum Ort der Auserwählung, zu Regensburg. Der Aufbau ist trotzdem kunstvoll; schon in der Einleitung erklingt das Thema: „Floreat ergo Athene, fandi et eloquentiae nutrix, philosophorum genitrix, theosopho illustrata Dionysio, Graecia tota tanti praesulis miraculis et doctrina, eius sanguine Gallia, postremo, ad quam commigravit, Germania, et maxime, quae nunc eius ossa continet, Ratispona"[30]. Dieses Thema wird im Fortgang der Erörterung immer wieder aufge-

[28] PL 106 col. 23, 40, cap. II–IV, XX; die Beschreibung Athens ist analysiert bei M. Buchner, Die Areopagitica des Abtes Hilduin von S. Denis (HJb. 58) 1938, 71 ff. (75 f. Nachweis der Abhängigkeit von Isidor von Sevilla); die Parallelen zur Translatio II sind hier nicht erkannt, obwohl Buchner S. 79 Anm. 225 auf Übereinstimmungen hinweist; er stützt sich dabei auf Weltsch-Weishut 19 ff., 37 ff., wo aber nur auf die Entlehnungen bezüglich der Argumentation hingewiesen wird, welche abzielt auf den Nachweis der Identität des Dionysius Areopagita und des Dionysius von Paris.

[29] S. Kraus, Translatio, Exkurs I. Im Anhang Nr. 8 sind die Übernahmen aus Hildwin gekennzeichnet.

[30] SS XI 351 z. 28–33.

nommen, gesteigert bis zur Bezeichnung Regensburgs als eines zweiten Athen[31], ebenbürtig selbst Rom[32], bis schließlich Regensburg selbst über Athen und Paris erhoben wird[33]. Diese Behauptung wird begründet mit der Bedeutung des Heiligen, Zweifel des Pariser Gesprächspartners über die ebenbürtige Bedeutung Regensburgs bedingen die breite Erörterung dieser Frage, die in langsamer Steigerung bis zu der berühmten Schilderung der hochmittelalterlichen Residenzstadt geführt wird. Die beiden Themen sind dabei wie zwei Reimpaare in der Strophe angeordnet, sie folgen einander in überschlagsweisem Wechsel. Auf die topographische Beschreibung, die Bedeutung im natürlichen Bereich, die wie bei Hildwin dem Genos des Städtelobs angeglichen ist[34], folgt durch die Erwähnung der beiden Heiligen Dionysius und Emmeram die erste Einordnung des Ranges der Stadt in einen übergeordneten Bereich, jenen der Heilsordnung, hierauf wird ein bereits in der ersten topographischen Bestimmung angeschlagenes Thema wieder aufgenommen, das Thema der Metropolis, und in einem überwältigenden Bild geradezu zur Verkörperung des Königtums in Regensburg gestaltet.

In einer Stilhöhe, die ihren Glanz vor allem Hildwin von Saint-Denis verdankt, beginnt dieser Teil: „Die Stadt, die ich schaute, Regensburg, ist alt zugleich und neu, als einzige der großen Städte ist sie Hauptstadt, sie liegt am Rande des Herkynischen Waldes und blickt hin zu den Grenzen Böhmens, mitten zwischen Oberpannonien und Alemannien liegt sie: Nichts Herrlicheres hat Deutschland"[35]. Nun folgt eine farbenreiche Beschreibung des Umlandes, die in vielen jener Arbeos gleicht, oder doch dem Abglanz bei Meginfried; sie stammt aber nicht von dort[36], sondern ist zum größten Teil wörtlich übernommen aus der Beschreibung Athens bei Hildwin. Diese Partie leitet über zu der wohl

[31] „vere secunda Athene, aeque studiis florida, sed verioris philosophiae fructibus cumulata, ad quam noster Dionysius transmigravit" (SS XI 355). Eine Parallele stellt dar die Stelle bei Alkuin, MGH Epistolae IV, 279, z. 21, Ep. 170 (799). Bamberg wird einmal, bereits im zweiten Jahrzehnt des 11. Jahrhunderts, an literarischer Bedeutung sogar über Athen gestellt (Gerhard von Seeon, bei JAFFE, Bibliotheca rerum Germanicarum V 483). Zum Topos s. auch THOMAS, Trierer Geschichtsschreibung 181.

[32] SS XI 369 z. 30: „Complaceat Petro et Paulo ubi conquiescant Roma, tibi, Machari Dionysi, in aevum Ratispona".

[33] Ebd. 370 z. 20–22: „Tunc nimirum te, Gallica Parisiensis et Athena, vos ambas Christo Dionysius offerens percellit Ratispona".

[34] Vgl. Giegler 55–58, hier fehlt der Hinweis auf Hildwin.

[35] SS XI 352 z. 30 ff. (Anhang Nr. 8).

[36] Wie KÖPKE (SS XI 352 Anm. 87) annimmt; S. 351 weist er zwar auf Übernahmen aus Hildwin hin, doch beziehen sich diese nur auf die Identifizierung der beiden Heiligen.

eindrucksvollsten hochmittelalterlichen Stadtbeschreibung in der deutschen Literatur überhaupt, welche die Mitte des Briefes an Abt Reginward bildet. Auch hier sind einige Stellen aus Hildwin übernommen, dazu das Einteilungsschema nach Gauen, aber es ist trotzdem unverwechselbar das hochmittelalterliche Regensburg gemeint[37]. Hier wird endlich das erreicht, was bislang bloße Abstraktion geblieben ist: Die Metropolis, in der jüngeren Translation bereits zum geläufigen Ersatz für den Namen Regensburg geworden[38], erhält jetzt geradezu sichtbare Gestalt in unerhört eindrucksvoller Verdichtung, mit der Königs- und Herzogspfalz als scharf bezeichnetem Zentrum, den Höfen der Bischöfe, die sich im Kreis anschließen, den Kirchen und Klöstern, vor allem der Domkirche, zu welcher nicht nur der Umkreis der Stadt gehört, sondern, wie bei einer Metropolitankirche, fast eine ganze Provinz.

Diesem Bezirk rechnet der Autor auch die berühmten Klöster zu, damit kommt er zum Abschluß der Beschreibung, der wieder zurückführen muß zu den Heiligtümern, die Regensburg vor allem würdig machen für die Aufnahme eines neuen, noch größeren Heiligen. Im Kranz der Heiligtümer, welche den Dom umgeben, fehlt eigentümlicherweise ein Bauwerk, das Heinrich II. wenig zuvor in einer Urkunde „matrem aecclesiam“[39] genannt hatte, die Alte Kapelle, und für deren hohe Einschätzung bezeichnend die Wendung ist, die in ihrem nächsten Umkreis entstand: „Norice seu Bavarice telluris prima omnium ecclesiarum et exordium“[40]. In engstem räumlichen Zusammenhang mit der Alten Kapelle, der Pfalzkapelle Ludwigs d. Deutschen, erscheint, erstmals bezeugt im 13. Jahrhundert, die Bezeichnung „Lateran“[41], ähnlich wie in Aachen und Frankfurt; trotz des großen zeitlichen Unterschiedes zwischen der Epoche Ludwigs des Deutschen und dem ersten Auftreten der Bezeichnung „Lateran“

[37] Rietschel 647 ff.; abgedruckt ist diese Beschreibung Regensburgs auch bei M. Piendl, Fragen zur frühen Regensburger Stadttopographie (VO 106) 1966, 65 f.; ebenfalls bei Hable 209. Sie wird auch immer wieder benützt, u. a. bei Klebel 96 f.; bei Sydow (HJb. 80) 81 f., bei Spindler II 406 (Prinz); Heuwieser 111–116; Brühl, Kaiserpfalz 246; Piendl, Pfalz Arnulfs 98; zu den Bischofshöfen s. A. Schulte, Regensburg und seine Eigenart in der deutschen Geschichte (Volkstum und Kulturpolitik. Festschrift für Georg Schreiber) 1922, 201–207; Ders., Pavia und Regensburg (HJb. 52) 1932, 465–476; C. Brühl, Hauptstadtproblem.

[38] Z. B. SS XI 354 z. 54, 353 z. 11.

[39] D Heinrich II. n. 26 S. 29, 1002 XI 16; dazu R. Bauerreiss, Magistra, matrix et caput omnium ecclesiarum (Münchner Theologische Zeitschrift 13) 1962, 202–206; Ders., Ein „Lateranpalast“ in Altbayern (Jb. f. altbayer. KG) 1963, 101–108.

[40] J. Schmid, Urkundenregesten des Kollegiatstiftes U. L. Frau zur Alten Kapelle in Regensburg I 1911, n. 447 S. 85.

[41] J. Sydow - R. Strobel, Der „Latron“ in Regensburg (HJb. 83) 1964, 1–27. Falkenstein 177 f. macht Bedenken geltend.

(Latron) kann an dem Zusammenhang mit der Königspfalz nicht gezweifelt werden, der Anspruch auf ähnlichen Rang wie Aachen, die „Secunda Roma", ist mit dieser Benennung zweifellos verbunden. Anders als bei Aachen hat die Geschichtsschreibung von diesem Anspruch keine Kenntnis genommen, er bleibt beschränkt auf den Kreis der Kanoniker der Alten Kapelle, Geschichte wird in Regensburg von den Benediktinern von St. Emmeram geschrieben. Diese nehmen weder Bezug auf die Alte Kapelle noch kennen sie trotz der Parteinahme des Königs für St. Emmeram in einem Streit mit dem Bischof von Augsburg, seinem Bruder, neben ihrem Wohltäter Arnulf jene andere große Herrschergestalt, die mit Regensburg verbunden ist, Heinrich II. [42].

In St. Emmeram wird die Würde Regensburgs vor allem begründet mit den Heiligen des eigenen Klosters. In dem zweiten Translationsbericht kommt aber gegenüber dem ersten eine Steigerung der Heilswirksamkeit hinzu, welche die Abhängigkeit der Stadt vom Heiligtum zu St. Emmeram geradezu in Untertänigkeit verwandelt, durch St. Emmeram wird aus dem alten Regensburg das neue, „durch ihn blühte die Stadt auf und wird in Blüte stehen" [43]. Das wird in einem sehr widersprüchlichen Gedankengang begründet [44], von dem vor allem der neu gefundene Name Tiburtina für Regensburg und damit die Einordnung in die Reihe der antiken Kaisergründungen mit ihrer besonderen Würde [45] von Bedeutung wurde für das Regensburger Selbstverständnis der Folgezeit.

[42] Zum Heinrichskult in Deutschland s. Meuthen, Karl d. Gr. 63; C. Pfaff, Heinrich II., sein Nachleben und sein Kult im mittelalterlichen Basel, 1963. Zu Heinrich II. und St. Emmeram s. auch S. 26. Erst im 18. Jahrhundert tritt auch Heinrich II. in St. Emmeram wieder in sein Recht ein und erscheint im Chor der Kirche abgebildet unter den Wohltätern des Klosters. In einer Aufzeichnung des XV. Jahrhunderts wird wenigstens seines Todes gedacht (SS XV/2, 1098).

[43] SS XI 353 z. 9. Ebd. 353 z. 50: „totus et maximus muri ambitus — pro honore et reverentia huius loci protectoris, Sancti Emmerami Martyris, urbi adiectus est" (Zur Herkunft der Stelle vgl. Anm. 44).

[44] Vgl. Kraus, Translatio. In diesem Gedankengang wird aus dem Privileg Leos III., einer Fälschung der Jahrhundertmitte (Brackmann, Germania Ponticia I 283 f.) der angeblich ursprüngliche Name Tiburtina für Regensburg (s. dazu S. 51) in Verbindung gebracht mit der „urbs noviter facta" im gefälschten D Arnulf n. 190 S. 294, nach welchem Arnulf diese neugeschaffene Stadt St. Emmeram geschenkt habe. In eigentümlicher Verschränkung des Erneuerungsdenkens der Epoche (dazu J. Spörl, Das Alte und das Neue im Mittelalter, HJb. 50, 1930, 309; Spörl, Grundformen 28), das Regensburg in die Nähe des „neuen Jerusalem" (Offenb. 21) rückt, mit der zeitgenössischen Freude an gelehrten Etymologien wird damit eine neue Deutung von Ratisbona verbunden (s. S. 51).

[45] Grau 21ff.; Thomas 190 ff.; H. Fichtenau, Vom Verständnis der römischen Geschichte bei deutschen Chronisten des Mittelalters (Festschr. P. E. Schramm) 1964, 404.

Es ist keine Frage, daß es dem Autor der Beschreibung gelungen ist, alles festzuhalten, was für Regensburg besonders bezeichnend ist — damit ist aber Regensburg selbst ein für allemal gezeichnet. Es ist wohl für die Translatio noch der Ort, der würdig ist, einen heiligen Dionysius aufzunehmen, aber nicht diese Beziehung blieb haften, auch nicht die oft und energisch wiederholte Begründung der Bedeutung Regensburgs durch die Berufung auf den Schutz des hl. Emmeram, sondern Regensburg wird in Zukunft geradezu die Verkörperung der Hauptstadt. Für Regensburg hat jedoch nicht der Versuch des Verfassers des jüngeren Translationsberichtes, die Erhöhung des Ranges der Stadt auf den Besitz des Leibes des hl. Dionysius zu gründen, Erfolg gehabt, nur im engsten kirchlichen Bereich ist ein Ergebnis von Dauer erreicht worden; im Emmeramer Offizium hielt sich die Dionysius-Verehrung, zum Teil mit deutlicher Betonung besonderer Bevorzugung[46], auch strahlte die Emmeramer Dionysius-Verehrung auf die nähere und weitere Umgebung aus, bis nach Österreich, Böhmen und Mitteldeutschland, und führte zur Errichtung von Dionys-Kapellen und ihm geweihten Altären[47], auch die Vita Hildwins erfuhr in Bayern neue Verbreitung[48]. Im profanen Bereich blieb von der Wirkung des Dionysius-Leibes selbst nichts. Was die Wirkung auf die Allgemeinheit betrifft, so war es der hohe Ton des ganzen Vorworts, des Briefes an Abt Reginward, vor allem die Schilderung der wahrhaft königlichen Residenz, die einen unvergänglichen Eindruck machten. Die literarische Begründung des Auserwähltheitsanspruchs, der in Zukunft aus der Regensburger Geschichtsschreibung bis zum 19. Jahrhundert nicht mehr schwindet, hat unzweifelhaft der unbekannte Mönch von St. Emmeram gegeben. Er hat damit eine stärkere Wirkung erzielt, als das von vielen angesehenen Geschichtsschreibern ausgesagt werden kann.

[46] Z. B. Clm 14069 fol. 23^{v}, aus dem Dionysius-Officium: „Plaudite Germani, sed vos magis o Pagoarii, / est quia translatus ad vos Dionisius Almus" (BISCHOFF 106 Anm. 128; vgl. SS XI 351 z. 28—33); Clm 15631 fol. 23: „Gaude Ratisbona super excellentia dona / conduntur duo bis in te gratissima nobis / Corpora sanctorum. Sacer est Dionisius horum / In numero primus Emmeramus nec laude ymus / Wolfgangus, Erhardus, neuter medicamine tardus ..." (WATTENBACH, NA 8, 1883, 369; derselbe Hymnus, aus Clm 1843, saec. XV, in Acta SS. Nov. II/1 532). Vgl. auch Analecta hymnica IV 125 f., LI 178 f.; LIII 234 ff. Hinzuweisen ist auch auf die romanischen Fresken im sog. Dionysiuschor zu St. Emmeram; s. J. ENDRES, Romanische Deckenmalereien und ihre Tituli zu St. Emmeram in Regensburg (Beiträge zur Kunst- und Kulturgeschichte des mittelalterlichen Regensburg) o. J., 108. Besonders eindrucksvoll ist die Abbildung im Evangelienbuch Heinrichs IV. zu Krakau (SWARZENSKI 179).

[47] J. LEHNER, Die mittelalterlichen Kirchenpatrozinien des Bistums Regensburg (VO 94) 1953, 27 f.; M. ZENDER, Die Verehrung des Hl. Dionysius von Paris in Kirche und Volk (Landschaft und Geschichte. Fsch. F. PETRY) 1970, 538.

[48] Vgl. die Zusammenstellung bei WELTSCH-WEISHUT 19 f., 25.

Regensburg ist dem allgemeinen Wetteifer der Nationen[49] um den ehrwürdigsten Vorort um ein halbes Jahrhundert vorausgeeilt, doch nur deshalb, weil der jüngere Emmeramer Translationsbericht den Begriff noch völlig unpolitisch faßt. Ihm geht es um die Begründung eines Vorranges im religiös-geistigen Bereich, aber wenig später, wie das freilich schon die Vorbereiter der Translation nahegelegt hatten, Meginfried vor allem, steht im allgemeinen Bewußtsein nur noch der Regensburger Anspruch auf den Rang einer Metropolis, der ersten Stadt Bayerns. Damit bezeichnet der jüngere Emmeramer Translationsbericht eine deutliche Stufe des Übergangs; der Trierer Anspruch des 10. Jahrhunderts und noch die Mainzer Bemühungen um 1070 zielen ausschließlich ab auf den Vorrang in der geistlichen Hierarchie[50], der Regensburger Anspruch umfaßt auch bereits den säkularen Bereich, auch wenn er sich auf den Besitz der Leiber der Heiligen gründet. Am eindeutigsten formuliert wird der Gedanke des Vorranges, wie das auch für Aachen, Paris oder Westminster zu beobachten ist, in einem gefälschten Diplom, dem Privileg Heinrichs III. von 1052[51], dessen Entstehung in das 12. Jahrhundert datiert wird. Regensburg wird hier eingeführt als „precipua et principalis urbs urbium Noricarum" — die Linie der jüngeren Translatio S. Dionysii wird also in St. Emmeram zunächst konsequent fortgeführt. Die Führung der Chronik dieses Klosters lag aber offenbar in anderen Händen als in denen des Verfassers der Translatio oder der gefälschten Urkunden, die ein außerordentlich empfindsames Gespür für geschichtliche Perspektiven besaßen, die in der Abfolge der Zeiten, auch wenn sie verkürzten und vieles unbeachtet ließen, vor allem die Zäsur erkannten, Höhepunkte und Augenblicke besonders intensiver Präsenz geschichtsbildender Mächte; wenn sie die Tradition unmittelbar für die Gegenwart fruchtbar zu machen suchten, auch mit den Mitteln der Erfindung und Fälschung, so haben doch sie allein die Geschichte empfunden als das, was sie auch den großen Chronisten der Zeit war, Hilfe bei der Standortbestimmung

[49] Vgl. H. C. PEYER, Friedrich Barbarossa, Monza und Aachen (DA 8) 1951, 438–460.

[50] In Mainzer Synodalakten von 1071 ist zu lesen: „metropolis orientalis Franciae, principalis vero pontificii sedes tocius Germaniae et Galliae Cisalpinae" (JAFFE, Bibl. rer. Germ. V 70). Zu Trier s. S. 6.

[51] DD Heinrich III. n. 402 S. 562 (1052 X 7); dazu HEINEMANN 360 f.; BRACKMANN, Die Kurie und die Salzburger Kirchenprovinz 156 Anm. 1; BUDDE 196 f. Das Diplom bestätigt die Anwesenheit des Leibes des hl. Dionysius in St. Emmeram, unter Bezugnahme auf die Erhebung durch Leo IX., und bestätigt gleichzeitig die Unabhängigkeit des Klosters vom bischöflichen Stuhl und die direkte Unterstellung unter Kaiser und Papst. Ein gefälschtes Privileg Leos IX. vom gleichen Datum (JAFFE, Regesta n. 4280 S. 948; GP I 284 f.) bestätigt den gleichen Sachverhalt. S. dazu auch KRAUS, Translatio.

der Gegenwart und Wegweiser in die Zukunft. Die chronikalischen Aufzeichnungen von St. Emmeram im 12. Jahrhundert[52] lassen von diesem Geist nichts spüren, sie sind, wenngleich für die eigene Zeit meist reicher an Nachrichten und Beobachtungen als die Vorgänger, die sie benutzen, immer noch unreflektierte Wiedergabe von Fakten, als Quelle umso verlässiger, zur Weitergabe jedoch eines bereits gestalteten Geschichtsbildes, erst recht zur Neuformung einer geschichtlichen Sendung nicht angelegt.

Das in St. Emmeram gewonnene Verständnis für die Stellung Regensburgs in der Geschichte gaben von jetzt an wieder Außenstehende weiter, ein unbekannter Regensburger Kleriker in der Kaiserchronik und der rätselvolle Honorius Augustodunensis, der seit Beginn der dreißiger Jahre des 12. Jahrhunderts im Regensburger Schottenkloster Weih St. Peter zu suchen ist[53]. Schon sein Beiname spielt möglicherweise auf die Kaiserstadt Regensburg an. In seiner großen Summe aller natürlichen und übernatürlichen Dinge, „Imago mundi" (1123), die weithin gewirkt hat, gibt Honorius Augustodunensis einleitend eine knappe Skizze der geographischen Grundzüge Europas nach Isidor von Sevilla, darunter auch des Raumes zwischen Alpen und Donau, Elbe und Rhein, des Raumes, in dem er lebt. Diese Beschreibung von wenigen Zeilen läuft in unbeirrbarer Selbstverständlichkeit auf den Schlußsatz zu: „Est in ea Noricus que et Bavaria, in qua est civitas Ratispona" — die einzige Stadt des Reiches, die erwähnt zu werden verdient; sie ist, als Stätte, welche die einzigen Schottenklöster Deutschlands beherbergt[54], neben Athen, Rom und Lyon[55], schlecht-

[52] Nur Reste sind noch greifbar, in den Annales S. Emmerammi brevissimi, SS XVII 571; den Annales S. Emmerammi minores, SS I 93 f., SS XIII 47 f., bei G. Leidinger, Fundationes monasteriorum Bavariae (NA 24) 1899, 698 f., und bei G. Leidinger, Bruchstücke einer verlorenen Chronik eines unbekannten Regensburger Verfassers des 12. Jahrhunderts, Sb. München 1933.

[53] J. A. Endres, Honorius Augustodunensis, 1906; E. M. Sanford, Honorius „Presbyter" et „Scholasticus" (Speculum 23) 1948, 397—425 (hier: Augustodunum = Augusti mons, bezogen auf die Kaiserstadt Regensburg); R. Bauerreiss, Honorius von Canterbury (Augustodunensis) und Kuno I., der Raitenbucher, Bischof von Regensburg 1126—1136 (StMBO 67) 1956, 306—313; H. Menhardt, Regensburg, ein Mittelpunkt der deutschen Epik des 12. Jhs. (Z. f. deutsches Altertum u. deutsche Literatur 89) 1958/59, 271—274; Ders., Der Nachlaß des Honorius Augustodunensis (ebd.) 23—69; Spindler II 499 f., B. Fetz, Die Ekklesiologie des Honorius Augustodunensis, Theol. Diss. Masch. Salzburg 1971. Imago mundi, MGH SS X, 1852, 125—134; PL 172; V. Finzi, Z. f. Roman. Philol. 17/18, 1893/94, 490—543; 1—73; Zitat SS X 132 z. 8.

[54] In den Handschriften von Göttweig und St. Peter zu Salzburg, die nach 1134 entstanden sind, dem Zeitpunkt der Schottengründung zu Würzburg, fährt der Text fort: „Est et orientalis frantia in qua est civitas Wirzeburch que et herbypolis dicitur" (Endres, Honorius 4). Die heilsgeschichtliche Bedeutung Regensburgs, die mit den dortigen

hin Mittelpunkt der Geschichte. Noch knapper und zugleich eindrucksvoller läßt sich die Einzigartigkeit einer Stadt kaum ausdrücken; von Rom mochte man das gewöhnt sein, von Aachen, Trier oder Köln – Regensburg erscheint jetzt im gleichen Rang.

Auch die wenige Jahrzehnte später in Regensburg entstandene deutsche Kaiserchronik [56], das große Gedicht, das erstmals im Sinne der Translationsidee die Taten der römischen Kaiser vereint mit jenen des Mittelalters darstellt, setzt diese Gleichung, nur nicht in dieser lapidaren und doch sehr indirekten Form, sondern wortreich und in bewegter Erzählung. Die Königsstadt Aachen, das hochberühmte Trier, Köln, die Zierde des Frankenreiches [57], stehen neben Regensburg, der „houbetstat" [58], in welcher die Könige Hof halten und Kaiser Arnulf begraben liegt. Eine heilsgeschichtliche Stellung wird Regensburg jedoch nicht zugemessen, von einer Translation des hl. Dionysius, mit ihren Konsequenzen, der Auserwählung Regensburgs, berichtet der Dichter nichts. Hat St. Emmeram sein Geheimnis so gut gehütet – obgleich es ein halbes Jahrhundert später selbst in Saint-Denis bekannt war – oder hat selbst Regensburg, nicht nur Otto von Freising [59], an dem so wortreich erzählten Vorgang gezweifelt? Selbst die Emmeramer Annalen und die Regensburger Annalen wissen von einer Erhebung der Gebeine des hl. Dionysius 1052 durch Papst Leo IX. nichts, nur vom hl. Wolfgang [60]. Ihnen folgt ein Teil der süddeutschen Quellen, selbständig sind die Alteicher Annalen [61]. Dionysius wird in diesem

Schottenklöstern zusammenhängt, wird durch diese Ausdehnung auf Würzburg nur unterstrichen.

[55] Nur diese drei Städte Europas sind noch bestimmt (PL 172, col. 129 f.).

[56] Kaiserchronik eines Regensburger Geistlichen, MGH Deutsche Chroniken I/1, 1892 (Neudruck 1964); dazu H. Fischer, bei Spindler I 527 f.; F. Neumann, Wann entstanden Kaiserchronik und Rolandslied (Z. f. deutsches Altertum u. deutsche Literatur 91) 1962, 263 ff.; E. F. Ohly, Sage und Legende in der Kaiserchronik, 1968².

[57] Kaiserchronik v. 395 ff., 653 ff., 10387 f. (Si sant ouch ze êren / Trieren der urmâren); ebd. v. 648–651, zu Köln: „Colonjâ ist si nu genant, si zieret elliu Frenkiskiu lant".

[58] Kaiserchronik v. 16822; Hoftage zu Regensburg ebd. 15243, 16425, 16822, 16864, 17200; zu Arnulf v. 15556 ff.

[59] Chronica 272: „Tradunt ibi scriptumque monstrant, quod predictus rex sanctum Dyonisium a Galliis ad prefatum monasterium transtulerit. Quod utrum ita sit, ipsi viderint".

[60] Annales S. Emmerammi Ratisponensis minores, SS I 94; XIII 48: „Translatio sancti Wolfkangi episcopi et dedicatio criptae eius"; Annales Ratisponenses 584: „Sanctus Wolfkangus a Leone papa translatus est". Vgl. dazu Kraus, Translatio.

[61] Auctarium Garstense 567; Annales S. Rudberti Salisburgenses 773; Adalbert, Vita Heinrici II. imperatoris, 802; Cronica Reinhardsbrunnensis 521; Annales Altahenses 48.

Zusammenhang erstmals erwähnt von Frutolf von Michelsberg, also gegen 1099[62], – ihm folgen der Annalista Saxo, die Annales Admuntenses, die Alteicher Zusätze zur Chronik Ekkehards von Aura, die Flores temporum, Heinrich von Herford, schließlich zwei Regensburger Aufzeichnungen des 14. und 15. Jahrhunderts, und die Annalen von St. Aegidien zu Braunschweig. Die Zwiefaltener Annalen lassen, wie Otto von Freising, leichte Zweifel erkennen[63]. Daß die jüngeren Emmeramer Annalen und die Regensburger Annalen die Dionysius-Translation nicht erwähnen, liegt daran, daß ihre älteren Partien entstanden, bevor es zur Verbindung der Dionysius-Legende mit dem Papstbesuch zu St. Emmeram 1052 kam[64]. Diese Verbindung erfolgte im Zusammenhang des Ringens der Mönche um die Exemtion, und zwar durch das gefälschte Privileg Leos IX. zu 1052, das gegen 1090 entstanden ist[65]. Beherrschend war der Einfluß dieser Kurzfassung der Dionysius-Legende nicht. Die Mehrzahl der süddeutschen Annalisten folgt den Regensburger Quellen, nicht Ekkehard von Aura, in dessen Redaktion wohl Frutolf den Annalisten vorlag. Die Emmeramer Dionysius-Legende setzt sich also gerade auf Grund der Emmeramer Annalistik selbst nicht durch.

In einer kaum weniger wichtigen Thematik – wie die Auswertung in der Schottenlegende verrät – folgten die Regensburger Annalisten jedoch der im Laufe des 11. Jahrhunderts eingeschlagenen Richtung sehr unbefangen, in der Wiedergabe der verschiedenen Namen für Regensburg. Die von Arnold von St. Emmeram gefundenen Übersetzungen von Regensburg ins Lateinische und Griechische wurden zunächst in der gleichen Absicht aufgenommen, in welcher sie von Arnold gebraucht worden waren, als stilistische Varianten. In steten Wechsel führt Arnold als Namen für Regensburg Ratisbona, Regina Civitas, Reginopolis und Hiatospolis an[66], zweifellos zum Zweck der literarischen

[62] Ekkehard, Chronicon 196: „Qui papa veniens Ratisponam, reliquias beati Dionisii martyris, de quibus diu dubitatum est, an ibi haberentur, presentibus Parisiorum legatis, perspexit ibique teneri probavit; Sanctum quoque Wolfkangum, eiusdem urbis episcopum, de tumulo levavit". Zur Datierung s. F.-J. Schmale, bei Spindler III 133 ff. An dieser Stelle sei Herrn Koll. Schmale auch aufrichtig gedankt für freundliche Auskünfte über die Überlieferungsprobleme.

[63] SS VI 689; IX 575; XVII 572; XXIV 246; Heinrich von Herford, Chronicon 108 a. a. 1052; Compilatio Chronologica, Oefele, II, 332 b (vgl. Annalium Ratisponensium Supplementum, SS XXX/2 746); Notae S. Emmerammi, SS XVII 572, SS XV/2 1095 f.; SS XXX/1 10; SS X 54; Otto von Freising, Chronica 272. Eine nahezu lückenlose Zusammenstellung Acta SS. Nov. II 586.

[64] Vgl. F. Baethgen, Eine neue Rezension der Regensburger Annalen (Mediaevalia II) 1960, 299–310.

[65] S. Kraus, Translatio.

[66] SS IV 550 ff., 554, 557, 560, 567 f., 571; PL 141 col. 997 D, 1006 D, 1009 A, 1021 A,

Variatio, in gelehrter Eitelkeit also und ohne jeden Anklang an die heilsgeschichtlichen Absichten, die sich später mit diesen Namen verbinden. Die drei letzten Namen sind eigene Erfindung Arnolds, nachgebildet dem Parthenopolis für Magdeburg[67], oder unmittelbar nach antiken Vorbildern, wobei Hiatospolis, gedacht als völlige Übersetzung von Regensburg ins Griechische, am wenigsten verstanden wurde[68]. Weniger sicher zu bestimmen sind die übrigen Ableitungen, da kaum anzunehmen ist, daß Arnold die Notitia Dignitatum (Castra Regina), die Tabula Peutingeriana (Regino) oder das Itinerarium Antoninianum gekannt hat[69]. Das antike „Regino" (ad Reginum) hat sich jedoch auch noch lange in frühmittelalterlichen Quellen behauptet, in einer der ältesten Zusammenstellungen der süddeutschen Bischofssitze[70], in den Annales Regni Franzorum[71], in der Regensburger Fortsetzung der Annales Fuldenses[72] und in der Kanzlei Arnulfs und seines Sohnes Ludwig[73], die zumeist in Regensburg residierten, schließlich beim Poeta Saxo[74]. „Regina" begegnet jedoch ebenfalls, und zwar in der Kanzlei Karls d. D., Arnulfs und Ludwigs[75], von

1030 A, 1068 C. Vgl. BISCHOFF 84 zu den gräzisierenden Stilmitteln Arnolds auch in anderen Zusammenhängen. Auch andere Namen, Personen- wie Ortsnamen, werden umgeformt, z. B. Helfendorf (adiutorii-vicus, SS IV 582 z. 24) oder Wolfgang (Lupambulus, ebd. 556 z. 39).

[67] Bei Arnold, SS IV 560 z. 40; das Vorbild dürfte Meginfried sein (Epistola et Prologus Meginfredi *Parthenopolitani* magistri et praepositi, ad Arnolfum S. Emmerami monachum eundem et praepositum atque magistrum (Acta Sanctorum, Sept. VI 488).

[68] Hyatospolis, von ὑετός (Regen); schon die erste Zusammenstellung aller bis dahin benutzten Namen führt diese Form auf das Lateinische zurück (Ph. SCHNEIDER, Konrads von Megenberg Traktat De limitibus parochiarum civitatis Ratisbonensis, 1906, 24, 51).

[69] Itinerarium Antonini Augusti, hg. v. G. PARTHEY - M. PINDER, 1848, 115; K. MILLER, Itineraria Romana. Römische Reisewege an der Hand der Tabula Peutingeriana, 1916, 267; Notitia Dignitatum, hg. v. O. SEECK, 1876, 200. E. KLEBEL, Regensburg, (Vorträge und Forschungen IV) 1958, 87, hält nur „Regino" für antik und „Castra Regina" für „humanistisch", wobei ihm BRÜHL, Rheinische Vierteljahrsblätter 242 folgt, während G. ULBERT, Das römische Regensburg (Gymnasium. Beiheft: Germania Romana) 1960, 70 und H.-J. KELLNER, Die Römer in Bayern, 1971, 75 wieder „Castra Regina" bieten.

[70] Chronica minora saec. IV, V, VI, VII Bd. 1 Auctorum antiquissimorum IX (1892) 594: „civitas Regino".

[71] Annales Regni Francorum 91: „Ad Reginum civitatem, quae nunc Reganesburg vocatur".

[72] SS rer. Germ. VII, hg. v. F. KURZE, 118 f., 122, 130 (Regino urbs).

[73] DD Arnulf nn. 11, 73, 81, 88, 115 (888–893, Regino civitas); DD Ludwig d. K. n. 29, 39 (904, Regino civitas); vgl. auch RAISCH 152 Anm. 14–16.

[74] MGH SS I 248: „Reginum, quam Reganesburg nunc vocitant"; 249: „Regino ... est auditus".

[75] DD Karl III. n. 127 (885; urbs Regina); DD Arnulf nn. 9, 10, 12, 13, 14, 22, 23,

den Geschichtsschreibern der Zeit benützte diese Form Notker der Stammler[76]. Die älteste Bezeugung findet sich in der Vita Bonifatii von Willibald, einem Schüler des Bonifatius[77]. Die Kenntnis der fränkischen Reichsannalen wie der Vita Willibalds kann man in St. Emmeram nachweisen[78]; ihre Benutzung wie die verschiedenen Umformungen und Übersetzungen der überlieferten Namen für Regensburg hatten also die Aufgabe, die Gelehrsamkeit Arnolds unter Beweis zu stellen, nicht mehr. Die von Arnold geprägten Namensformen wurden alsbald aufgenommen, so von den Regensburger Annalen, von der metrischen Geschichte St. Emmerams zur Salier-Zeit und von der Ergänzung der Regensburger Annalen aus dem 13. Jahrhundert[79]; auch in Annalenwerke der näheren oder ferneren Umgebung wie in die Geschichte des Metellus von Tegernsee ist wenigstens die lateinische Übersetzung, Imbripolis, eingegangen[80]. Auch der Name Regina Civitas ist nicht völlig verschwunden, die Regensburger Annalen benützen ihn noch zweimal[81], doch bevorzugt werden jetzt in den Regensburger Geschichtswerken jene Namen, die Würde und Vorrang Regensburgs bezeichnen, die also zurückführen in die früheste Zeit. Daß mit der lebendigen Wiederaufnahme der Emmeramsverehrung bald nach der Jahrtausendwende mit Radasbona die alte Vorform von Ratisbona, des gebräuchlichsten Namens, wieder aufgenommen wurde, wird nicht verwundern; doch findet er sich nicht nur in den jüngeren Emmeramer Annalen[82] – wohin er in dieser Fom auch aus der Regensburger Fortsetzung der Fuldaer Annalen gekommen sein kann[83] oder

165, 166, 167, 169 (888–898; civitas Regina bzw. Regina civitas); DD Ludwig d. K. nn. 28–30, 40–42 (904/05). Die gewöhnliche Namensform ist Reganesburg.

76 Gesta Karoli Magni 71 z. 13; gewöhnlich findet sich bei ihm aber Reganesburg.

77 Willibald, Vita Bonifatii, ed. W. Levison, SS rer. Germ., 1905, 38 z. 10 (ebenfalls in der 5. Vita, ebd. 109 z. 8).

78 Die „pons navalis in Danubio" der Annales Fuldenses a. a. 792 S. 12 bzw. der Annales Regni Francorum S. 92 erscheint wieder in der jüngeren Translatio (s. S. 89), die Stelle bei Willibald benutzt Otloh (s. S. 37 Anm. 14).

79 SS XVII 581 z. 51 (meist Ratispona); Historia monasterii (S. Emmerami) manse metrica, MGH SS XV/2 1103 z. 41, 1105 z. 2 (Imbripolis); Ann. Ratispon. Supplementum 746 z. 32: Radaspona (quae et Hyataspolis sive Imbripolis).

80 Historia Episcoporum Pataviensium, SS XXV 619 z. 2; Vita Eberhardi Archiepiscopi, Gesta Archiepiscoporum Salisburgensium 79; Vita Godehardi episcopi posterior, SS XI 208; Das Leben des Bischofs Meinwerk von Paderborn 116; Annalista Saxo 686; Metellus 247, 292.

81 SS XVII 581 z. 51, 583 z. 42, XXX/2 746 z. 24.

82 SS XIII 47 z. 34 (a. a. 906), 48 z. 4 (a. a. 948); vgl. auch SS I 94, „Radaspona" auch in DD Otto II n. 14 S. 21 (967 X 15).

83 Annales Fuldenses 109, 114, 116, 122, 125 f., 130, 132 f., 151. Damit korrespondiert der Gebrauch dieses Namens in den Urkunden Ludwigs d. D. (n. 62 S. 86, 852:

aus dem Emmeramer Nekrolog [84]. Hier oder auch bei Arbeo selbst mag auch der Alteicher Annalist oder der Fortsetzer der ältesten Salzburger Annalen die altertümliche Namensform gefunden haben [85]. Über die Annales Fuldenses mag „Radaspona" in die Trierer Fortsetzung des Regino von Prüm gelangt sein [86], von hier aus in die Kölner Annalen [87], wo neben dem Supplement der Regensburger Annalen [88], einer Ergänzung aus der Stauferzeit, der älteste Name für Regensburg zuletzt vorkommt. Ein Zusammenhang zwischen Radasbona und Ratisbona wurde nicht erkannt. Die Etymologie des jüngeren Translationsberichts führt „Ratispona" zurück auf die „rates", die Flöße der Kaufleute, die im Hafen verankert wurden [89].

Die Namensform für Regensburg, die Arbeo überlieferte, reichte zwar am weitesten in die Vergangenheit der Stadt zurück, doch das war nicht unmittelbar ersichtlich. Die notwendige Begründung altehrwürdigen Ursprungs, der vor allem im Zusammenhang mit der römischen Herrschaft gesucht wurde, vermochte für jene Zeit Radaspona nicht zu gewähren, auf Rom wies der Name nicht zurück. Im Zusammenhang nun, wie es scheint, mit den geschichtlichen Studien, die zur Neubelebung der Emmeramsverehrung zur Zeit Hartwics und Reginwards führten, wurde auch die Vita Severini des Eugippius bekannt, dort aber war von einer Stadt Tiburnia als der „metropolis Norici" die Rede [90]. Noricum nun, das war bereits im 8. und 9. Jahrhundert vereinzelt gelehrte Überzeugung [91], das glaubten vor allem Hartwic, Meginfried und Arnold von

Radasbona; n. 86 S. 124, 857: Radesbona), Arnulfs (nn. 116, 134, 151, 160, S. 171, 201, 231, 243) und Ludwigs d. K. (nn. 12, 38, S. 115, 156, 901, 905).

84 MGH Necr. III 327, 930 X 10.

85 Annales Altahenses 33, 45; Cont. Ann. Iuvav. maiorum, SS XXX/2 740.

86 SS rer. Germ. L, 1890, 167, 170.

87 Annales Colonienses maximi a. a. 1157, SS XVII 766 z. 12.

88 SS XXX/2 746, a a. 1002.

89 SS XI 354 z. 16: „quod rates undecunque mercimonia portantes hic in portu ponuntur, Ratispona vocatur".

90 Eugippii Vita Severini, SS rer. Germ. 26, 1898, 31: „Tiburniae, quae est metropolis Norici".

91 R. Heuberger, Natio Noricorum et Pregnariorum. Beiträge zur Frühgeschichte der Baiern und der Alpen-Romanen des Eisacktales und des Vintschgaus (Veröff. d. Museums Ferdinandeum 10) 1930, 1–52. E. Klebel, Das Fortleben des Namens „Noricum" im Mittelalter (Carinthia I. Mitt. d. Geschichtsvereins für Kärnten 146) 1956, 481–490, wendet sich gegen die Begründung, gelehrte Neigungen der Autoren seien die Veranlassung der Wortwahl gewesen, sondern sucht, nach dem Vorgang von E. Mayer, Übersehene Quellen zur bayerischen Geschichte des 6.–8. Jahrhunderts (ZBLG 4) 1931, 1–36, die Ursache für die Ausdehnung des Namens Noricum über die Inngrenze hinaus in konkreten staatsrechtlichen Verhältnissen der ausgehenden Spätantike.

St. Emmeram[92], war nur ein anderer Name für Bayern. Da aus Arbeo feststand, daß Regensburg die Metropolis Bavariae war, mußte die bei Eugippius genannte Stadt Tiburnia identisch sein mit Regensburg. Die Vielzahl der von alters her gebräuchlichen – Reganesburg, Reinesburg, Ratisbona, civitas Regina – wie der von Arnold weitergegebenen Namen für Regensburg erleichterte die Übernahme eines weiteren Namens, der zum erstenmal in der überlieferten Reihe auftritt in der ältesten Rezension der Regensburger Annalen[93], die wahrscheinlich von einem Angehörigen der Regensburger Domkirche stammt und kurz nach der Mitte des elften Jahrhunderts anzusetzen ist[94]. Die Annahme, daß Tiburnia erstmals an dieser Stelle genannt wird, legt nicht nur der hier richtig weitergegebene Name nahe, sondern auch weitere nur hier zu findende Entnahmen aus Eugippius wie eine Notiz über Severin selbst[95]. Die Übernahme des Paulinus von Tiburnia als des ersten Bischofs der Regensburger Kirche war für die Regensburger Kathedrale von größerem Interesse als für St. Emmeram. Der Zusammenhang zwischen den gelehrten Bestrebungen hier wie dort war jedoch sehr eng, das zeigt auch das Geschichtsbild des älteren Regensburger Annalisten, das bestimmt wird durch die Mitteilungen Arnolds über die bayerischen Fürsten und über Kaiser Arnulf[96]. Diese Wechselwirkung hält an. Die nächste Stufe der Verwertung der neugewonnenen Einsicht von der Identität von Regensburg und Tiburnia stellt sich dann im gefälschten Privileg Leos III. von 798 für St. Emmeram dar[97]. Hier heißt es: „quoddam monasterium juxta muros civitatis Tyburniae, quae a Tyberio Caesare Augusto aedificata est; quae modo vulgo appellata est Reganispurch". Die etymologische Ableitung von Städtenamen, wie sie nach der Anleitung Isidors von Sevilla gern vorgenommen wurde, zielte fast ausnahmslos, bis weit über das Jahrhundert

[92] Dümmler, NA 7, 606 v. 27, 29: „Norica". Acta Sanctorum, Sept. VI 495: „Norici"; 499: „Noricae"; Ebd. 512, Hymnus auf St. Emmeram: „Noricas gentes", „in Noricam ... provinciam"; SS IV 551, 571.

[93] SS XVII 581 z. 51: Reginopolis, Ratisbona, Hiatospolis, Ymbripolis, Tiburnia.

[94] Baethgen 306.

[95] SS XVII 579 a. a. 471 „S. Severinus in ripensi Norico miro modo philosophatus est"; a. a. 483: „His temporibus Paulinus a sancto Severino premonitus Ratisbonensi ecclesie est prelatus."

[96] In die Stelle über Pippin d. Ä. in seiner Vorlage fügt der Annalist aus Arnold die gleichzeitigen Agilolfingerherzöge ein, zu 887 wird Arnulf „Dux Bavarorum" genannt, der erste Arnulf, der in den Annalen auftritt, der Ahnherr der Karolinger, heißt „rex Francorum" (a. a. 640), wie der zu St. Emmeram begrabene Arnulf.

[97] [J. B. Kraus] Liber probationum ..., quae ad historiam monasterii et principalis ecclesiae S. Emmerami Ratisbonae maxime spectant 1752 n. 3 S. 8; Jaffé, Regesta n. 4280 S. 948; Brackmann, Germania Pontificia I 283; vgl. Schneider 25; Heinemann 339; Rietschel 546 f.

der Humanisten hinaus, auf eine konkrete Gründergestalt. Die Gründung durch einen römischen Kaiser nun vermittelte besonderen Rang, vermutlich verband man in St. Emmeram mit diesem Zusammenhang auch den Anspruch auf besonderen kaiserlichen Schutz, den eben das Privileg Leos III. verbürgen sollte[98]. In der jüngeren Translatio dann erscheint das „Tyburnia" des Leo-Privilegs, eine Namensform, die sich bereits an das antike Tibur anlehnt, das „Tiburtina"[99]; das ist, wenn die Reminiszenz an Tibur bestimmend war, was bei der klassischen Bildung des Autors nicht ausgeschlossen ist, die sprachlich korrekte Weiterbildung des Ansatzes im Leo-Privileg[100].

In den verschiedensten Formen wurde der neugefundene Name für Regensburg weitergegeben, ausschlaggebend für das Regensburger Selbstverständnis wie für das Ansehen der Stadt war vor allem, daß Regensburg seither unbestritten als Gründung des Kaisers Tiberius galt. In der Stadt selbst wird die Gründungssage wie der Name Tiburnia (Tiburtina) aufgenommen und weitergegeben durch die Regensburger Kaiserchronik[101], außerhalb der Stadt mit Hilfe der bis 1140 verfaßten Vita Bischof Altmanns von Passau[102], wo die Version der jüngeren Translatio übernommen ist, aber gleichzeitig Noricum beigefügt ist, abgeleitet vom sagenhaften Herkules-Sohn Norix, der hier m. W. zum ersten Mal begegnet. Bestätigt und weiterverbreitet wurde diese neue Stufe der Legende schließlich gegen Ende des 13. Jahrhunderts durch die Aufzeichnungen von Kremsmünster[103], wo außerdem noch die Herkunft der Bayern aus Arme-

98 Vgl. Brackmann, Studien u. Vorarbeiten 9.

99 SS XI 535 z. 48.

100 Tiburtinus erscheint u. a. bei Plinius, Seneca und Martial (R. Klotz, Lateinisch-Deutsches Handwörterbuch, 1963).

101 Deutsche Chroniken I/1 v. 685/89; dazu H. F. Massmann, Der Keiser und der Kunige buoch oder die sogenannte Kaiserchronik III, 1854, 571 ff.; Ohly 55 ff.

102 Vita Altmanni episcopi Pataviensis 237 z. 44–46: „Hanc post multos dies Norix filius Herculis expugnans, Noricum ex suo nomine vocavit; in qua et civitatem Tiburtinam, quae nunc Ratispona dicitur, aedificavit". Eine direkte Übernahme aus der Vita Severini, wie H. Hirsch, Die Vita Altmanni episcopi Pataviensis (Jb. f. Landeskunde von Niederöst. NF 15/16) 1917, 350 A. 4 annimmt, ist angesichts der Form des Namens ausgeschlossen, die Übernahme muß auf die jüngere Translatio zurückgehen.

103 Bernhardi, ut videtur, liber de origine et ruina monasterii Cremifanensis 639 z. 55–57, 640 z. 1: „Norix, filius Herculis", Gründer Regensburgs; „postea a Tyberio reparata Tyburtina est vocata, que nunc Latine Ymbripolis vel vulgariter Regenspurch a flumine Regen ... vel Ratispona a ponendo et figendo rates". Vgl. auch Bernardi Cremifanensis historia, ebd. 659. Zur Quelle selbst s. Lhotsky 284 ff. Diese Etymologie, die eine Weiterbildung der Ableitung in der jüngeren Translatio oder auch Ottos von Freising (s. S. 56 Anm. 2) darstellt, ist vielleicht direkt beeinflußt durch den Bericht über den Bau der Schiffsbrücke Karls d. Gr. 792 (Annales Regni Francorum 95; Annales Fuldenses 12).

nien hinzugefügt und die Gründungssage durch eine Vorstufe bereichert wurde, eine erste Gründung durch Norix. Gleichzeitig reihte der Verfasser die verschiedenen ihm bekannten Namen der Stadt aneinander, wie das bereits die Regensburger Annalen getan hatten, die fünf solcher Namen zählen[104]. Noch war die magische Siebenzahl nicht erreicht, doch in einer Handschrift des Regensburger Klosters Prüll, die ins 11. Jahrhundert datiert wird, finden sich bereits sechs Namen[105], eine Zahl, die nur erreicht wird durch die Aufnahme der sächsischen Namensform für Regensburg, Rainesburg, doch etwas abgewandelt[106], und durch die Beifügung einer Neubildung, die wohl ebenfalls in St. Emmeram entstanden ist, „Germanesheim"[107]. In dieser Reihe wird die Viel-

[104] S. Anm. 93.

[105] Clm 536 fol. 90: „Hec sunt nomina civitatis que sita est in confluentia Hystri et rheni fluminum norice terre que vulgo bawaria vocatur: Hyatospolis, Hymbripolis, Germanesheim, Rheina, Ratisbona, Tyburnea. Hyatospolis, quod est antiquum nomen romanum. Germanesheim vocabulum trahit a provincia que dicitur vulgo germania. Rheyna a flumine quod ibidem interfluit. Ratispona quia rates ei affertur multa bona, unde et habundat rerum omnium magna copia. Tiburnia eo quod tiberius cesar eam extruxit. Hystris dicitur ab hystro flumine qui interfluit" (SCHNEIDER 24); die Notiz stützt sich auf die Annales Ratisponenses, aber hat auch Kenntnis von den verschiedenen Benennungen besonders bei den sächsischen Chronisten. Zu „Germanesheim" s. Anm. 107.

[106] Vgl. I. KLUGE, Etymologisches Wörterbuch der deutschen Sprache, [20]1967, 590 (Regen, altsächsisch regan; altfries. rein; regnen = mitteldeutsch reinen). Einige Bezeugungen: Thietmar von Merseburg 44: „Ratisbonam, quae Reinesburg dicitur" s. auch 46; in der Regel setzt Thietmar Ratisbona); Widukind 102: Reinesburch; 115: Rainesburg (ebd. Anm. f die Abweichungen der verschiedenen Lesarten); Rainesburg ebenfalls S. 120, 121, 123; S. 40 findet sich Reginesburg, in anderen Handschriften Regnesburg u. a.; diese und ähnliche Formen haben wir auch in den Annales Bertiniani (117: Rainisburch; 105: Ragenisburgh; 113 und 114: Reghinisburch, 119, 124, 127: Reghinisburg); Annales Regni Francorum (gewöhnlich Reganesburg, z. B. 84, 86, 90, 91, 92, bisweilen auch Reginum, z. B. 91, in anderen Handschriften aber auch Ragnisburg, z. B. 86 Anm. c, 90 Anm. m); Brunonis vita quinque fratrum, SS XI/2 726: Reinesburch; Annales Petaviani, SS I 18 Rainesburg, in den Hss. aber auch Ragenisburg; Annales Egmundani, SS XVI 454 Rainsburch; „Ragenesburc" findet sich im Auszug aus den Annales Mettenses, SS XIII 32, a. a. 792/93; a. a. 803 findet sich Regenesburch. Noch im 12. Jh. findet sich in England Reinesburg (Ex Radulfi de Diceto Lundoniensis decani operibus historicis, SS XXVII 261, 264, 278); Rainesburg bei Roger de Hoveden, Chronica a. a. 1188 (SS XXVII 149).

[107] Für Herkunft und Zeitbestimmung von Bedeutung ist eine Randbemerkung von beiläufig coäver Hand (nach dem Urteil von Frobenius Forster) zum Autograph Arnolds, De miraculis, die abgedruckt ist in Acta Sanctorum, Sept. VI 490, zum Brief Meginfrieds an Arnold, etwa an der Stelle, wo die Wendung vorkommt: „Ratisbonam accessit urbem, quae olim totius Germaniae ... metropolis". Dort steht zu lesen: „Haec est civitas, quam olim Teutones a Germano sive Germanico Germanisheim vocabant. Hujus

zahl der Namen für Regensburg hinübergereicht ins 13. Jahrhundert, wo diese Vielzahl dann plötzlich geheimnisvolle providentielle Bedeutung gewinnt.

vocabulum modernis temporibus lingua nostra Reganisburc teutonizat, quam antiquitus Romana, ut quidam scriptis testantur, Tiburniam vocabant". Es ist anzunehmen, daß im Anschluß an die übrigen Ableitungen, besonders an jene von Tiberius, die oben erwähnte Stelle den Anlaß gegeben hat zur Neubildung von Germanesheim und daß von dem Nachtrag im Autograph Arnolds aus der Name in den Prühler Kodex gelangt ist.

4. Kapitel

Anspruch und Wirklichkeit
Die Synthese: Otto von Freising

Die Regensburger Geschichtsschreibung, gerade weil sie in erster Linie Hagiographie war, hat nicht unerheblich auf das Geschichtsverständnis im ganzen wie auf einzelne Auffassungen vor allem der bayerischen Chronisten des 12. Jahrhunderts eingewirkt. Weitergegeben wurde nicht nur die Kenntnis einzelner Fakten, auch die große Ansicht der Stellung Regensburgs in der Geschichte, die bei Arnold, im jüngeren Translationsbericht, bei Honorius Augustodunensis und schließlich in der deutschen Kaiserchronik geformt wurde, begegnet immer häufiger, zweifellos unter dem Eindruck der Regensburger Stimmen. Bei Otto von Freising läßt sich das belegen; er bringt die Meldung von der Erhebung der Gebeine des Dionysius Areopagita und weist dabei auf den Translationsbericht hin, auch schreibt er die Ummauerung der Neustadt Kaiser Arnulf zu[1], ferner gibt er die in der jüngeren Translatio gebotene Etymologie von Ratisbona, das abgeleitet wird von den Flößen (Rates) der Kaufleute[2]. Die selbstbewußten Äußerungen der Regensburger Geschichtsschreibung hätten allerdings wohl kaum Eindruck gemacht, das Weiterwirken des Regensburger Selbstverständnisses in der bayerischen Historiographie wäre kaum denkbar gewesen, wenn nicht das Bild der historischen Wirklichkeit immer noch mit dem hohen Anspruch vollkommen übereingestimmt hätte. Der Übergang der Krone an das salische Haus brachte zunächst keine Verschiebung der Schwerpunkte; wie unter Heinrich II. stand in seiner Bedeutung für das

[1] Chronica 272: [Arnulf] „Dilexit vero prae ceteris regni sui locis metropolim Baioariae Ratisponam. Unde et muros eius ampliavit monasteriumque beati Emmerammi plurimis ornamentis adornavit ac largis possessionibus locupletavit. Tradunt ibi scriptumque monstrant, quod predictus rex sanctum Dyonisium a Galliis ad prefatum monasterium transtulerit. Quod utrum ita sit, ipsi viderint". Vgl. Arnold von St. Emmeram, SS IV 550 f.; vgl. auch Translatio I, SS XXX/2 827: „dilectissima ... regni sui sede".

[2] Gesta Friderici 151: „Haec civitas super Danubium, qui unus trium famosissimorum fluminum in Europa a topografis dicitur, ex ea parte, qua predicto amni duo navigabilia, Reginus scilicet et Naba, illabuntur flumina, posita, eo quod ratibus oportuna bonaque sit, vel a ponendo ibi rates Ratisbona vel Ratispona vocatur ..." (cf. Translatio II, SS XI 354: „Haec, quod rates undecunque mercimonia portantes hic in portu ponuntur, Ratispona vocatur...").

Königtum Sachsen an erster Stelle, durch seinen Reichtum an Königsbesitz aus dem Erbe Heinrichs II. vor allem. Auf Sachsen folgt Franken, die „arx regni", mit dem Hausgut der Salier. Da sich aber hier der Aufenthalt des Königs auf Speyer, Mainz und Worms aufteilt, da auch Aachen, Köln und Straßburg berücksichtigt werden, folgt unter Heinrich III. in der Reihe der bevorzugten Städte des Reichs auf Goslar (18) noch vor den Städten am Rhein Regensburg (15).

Unter Heinrich IV. tritt, wie das Itinerar des Königs zeigt[3], diese Stadt vollends an die Spitze, zusammen mit Mainz (38), vor Goslar (33) und den Städten am Rhein, die freilich insgesamt auch unter Heinrich IV. bevorzugt zur Königsgastung aufgesucht werden[4]. Zunächst führt auch jetzt Goslar die Reihe an, besonders an den hohen Festtagen, doch seit 1070 tritt Regensburg, das vorher kaum berücksichtigt wurde, an die Stelle Goslars, das nur noch 1075 einmal aufgesucht wird. An der Spitze jener Städte, die dem König und seinem Gefolge an Weihnachten, Ostern und Pfingsten zum Aufenthalt dienen, steht jedoch jetzt Mainz[5].

Das hängt zweifellos nicht nur mit den politischen Veränderungen im Reich zusammen, die seit 1075 dem König Sachsen weitgehend verschlossen hatten, sondern auch mit den Möglichkeiten, das große Gefolge des Königs aufzunehmen und zu versorgen. Nächst Sachsen boten Rheinfranken und Lothringen die zuverlässigste Grundlage für den Unterhalt des Hofes, Königshöfe, bischöfliche Besitzungen und Reichsklöster zusammengenommen; den notwendigen Raum für die Beherbergung des Gefolges fand man am ehesten in den Bischofsstädten. In Bayern kam deshalb vor allem Regensburg in Betracht, weil hier neben der Königspfalz die Residenz des Bischofs und die Höfe der Domherren genug Platz boten, außerdem war Regensburg, was für Freising oder Altötting — wo Heinrich IV. ebenfalls je dreimal weilte[6], schwierig, für

[3] Th. MAYER, Königtum (Karte); die Zahlen bei HEUSINGER 158 differieren geringfügig.

[4] Am Rhein bleibt mit 109 Aufenthalten in den wichtigsten Städten Mainz (38), Worms (24), Speyer (20), Köln (15) und Aachen (12) der Schwerpunkt, Bayern, Schwaben und Mainfranken zusammen weisen 74 Aufenthalte auf, nämlich Regensburg 38, Augsburg 14, Bamberg 8, Würzburg und Nürnberg je 7 (Th. MAYER, Königtum; HEUSINGER 158; vgl. auch W. SCHLESINGER, Die Pfalzen im Rhein-Main-Gebiet, GWU 16, 1965, 494).

[5] KLEWITZ 93 ff.; die zeitliche Differenzierung, die hier im Gegensatz zur bloßen Addition bei HEUSINGER und Th. MAYER versucht wird, vermittelt erst hinreichenden Aufschluß über den politisch bedingten Wechsel der Schwerpunkte. Wie weit Lampert von Hersfeld, Annales 225 (Schonung von Goslar 1075) die allgemeine Einstellung Heinrichs IV. zeigt, muß hier offen bleiben.

[6] Th. MAYER, Königtum (Karte).

Salzburg wohl unmöglich war, dank seiner zentralen Lage auch für den Lebensmitteltransport aus den Tafelgütern um Nürnberg und Amberg, den reichsten in Bayern[7], leicht erreichbar. Versorgungsmöglichkeiten in der Stadt selbst boten dann die Reichsklöster; wenn der König in Regensburg anwesend war, hatten Ober- und Niedermünster vor 1073 zusammen jährlich hundert, nach der Ermäßigung dieses Jahres siebzig Schweine zu liefern[8]. Als erster machte Heinrich IV. auch von den Möglichkeiten Gebrauch, die im Verlauf des Übergangs zur Geldwirtschaft der Handelsreichtum der Städte bot. Gerade aus Regensburg stammt die Nachricht von der allgemeinen Städtesteuer, die Heinrich IV. 1084 ausschrieb, der ältesten, von der wir wissen[9].

Diese Neuerung erregte zwar den Zorn der Bürger, wie die Regensburger Annalen berichten, in deren Fortführung Heinrich IV. sogar „totius ecclesiasticae inimicus" genannt wird[9a], doch zeugen andere Stimmen aus Regensburg, etwa der jüngere Emmeramer Translationsbericht, gerade in dieser Zeit von dem wachsenden Stolz auf die Stellung eines Zentrums kaiserlicher Herrschaft im Reich, des Zentrums eben in Bayern. Hier zeigt sich der neue König bereits zu Weihnachten 1056; der einberufene Reichstag[10], bei welchem auch Papst Viktor II. zugegen war, der einstige Kanzler und Bischof von Eichstätt, brachte, wie man annehmen darf, die Huldigung Bayerns an den neuen König. In Regensburg wird entschieden über die Fortführung der Herrschaft über Bayern durch die Kaiserin Agnes, die Witwe Heinrichs III., in Stellvertretung des zu erwartenden Sohnes, in Regensburg wird aber auch das Herzogtum Kärnten verliehen, das damit wieder in seiner alten Bindung an das Mutterland er-

[7] A. SCHULTE, Das Verzeichnis der königlichen Tafelgüter und Servitien von 1064/65 (NA 41) 1918, 571–574; HEUSINGER 82 ff., 91 f.; BRÜHL, Fodrum 192; das nicht identifizierbare Gut „Nuorenwart cum mille mansis" ist wohl ebenfalls Regensburg zuzuordnen.

[8] HEUSINGER 38 ff., 48; BRÜHL, Fodrum 201, 205; Die Reduzierung ausgesprochen in DD Heinrich IV n. 264/65, 1073 X 27.

[9] Ann. Ratisbon. maiorum fragmentum 88: „Maximam etiam pecuniam de Ratisponensibus atque de cunctis fere in regno suo adquisivit civibus urbanis, unde adversus eum late succrevit grande odium et invidia immanis". Vgl. dazu K. ZEUMER, Städtesteuern 161.

[9a] SS XVII 584.

[10] Annales Altahenses 53; Chronicae Herimanni Continuatio, 731 (nur Festfeier); Berthold, Annales 270 (nur Festfeier); Lampert von Hersfeld, Annales 70; Annalista Saxo 691 (abhängig von Lampert, aber Korrektur des dortigen Urteils über die Tätigkeit des Papstes); Monumenta Erphesfurtensia 7. S. auch P. SCHMID 67 ff., ebd 149 zum Verhältnis Kärntens zu Bayern (vgl. dazu auch Th. MAYER, Fürsten und Staat, 1950, 300). Die Annales Altahenses 53 machen deutlich, daß Heinrich nach Regensburg auf seinem Königsumritt kam, von Aachen und Köln her; s. auch R. SCHMIDT 215.

scheint, an Bayern. Von diesem Reichstag nahmen alle bedeutenden süddeutschen Annalisten Kenntnis, der Mönch von Niederalteich, Lampert von Hersfeld, dem der Annalista Saxo in seinem Bericht weitgehend folgt, die Fortsetzer Hermanns von Reichenau. Auch der Aufenthalt des Königs an den großen Kirchenfesten zu Regensburg wird immer wieder notiert, regelmäßig vom Annalisten von Niederalteich, der besonders enge Beziehungen zum Hof besaß[11], bis zum Versiegen dieser Quelle 1073, im Zusammenhang mit besonders ereignisreichen Jahren auch von Lampert von Hersfeld; das betrifft die Jahre 1061 bis 1067, 1069 bis 1073[12]. Im Herbst 1073, 1074 und 1075 weilte der König ohne einen solchen Anlaß zu festlicher Repräsentation in Regensburg, sondern, wie es scheint, in der Absicht, sich in Bayern einen Rückhalt zu sichern im bevorstehenden Kampf um Sachsen[13]. In den späteren Jahren wechselt die Aufmerksamkeit der Chronisten für den Festaufenthalt des Königs; den Aufenthalt in den Jahren 1076 bis 1080, 1084 bis 1086, 1088 und 1089 verzeichnen nur jeweils einzelne Quellen[13a], erst 1097, 1099 und 1103 ist das Interesse für Heinrich IV. wieder allgemein; in diesen Jahren tritt Regensburg als Zentrum der kaiserlichen Regierungstätigkeit am eindrucksvollsten in Erscheinung. Der Wechsel der Aufmerksamkeit in den Jahrzehnten zuvor macht sich selbst angesichts wichtiger Ereignisse geltend. Der Reichstag von 1063[14], der vor dem Auszug des Heeres nach Ungarn in Regensburg stattfand, wie bereits herkömmlich, wird von keinem Geschichtsschreiber erwähnt; für den Alteicher Annalisten steht die Bedrängnis an der Ostgrenze selbst im Vordergrund, für Lampert von Hersfeld die Entwicklung der kirchlichen Frage. Außerdem ist der König immer noch ein Kind. Erst 1067 wird er volljährig. Seit 1073 hält er sich zwar fast jedes Jahr einmal oder öfter in Regensburg auf, doch nur Lampert von Hersfeld berichtet davon; es bedarf des großen Themas der Ge-

[11] Klewitz 76.

[12] Annales Altahenses 57, 72, 84 f.; Gesta Archiepiscoporum Salisburgensium 38; Lampert von Hersfeld 144 f. DD Heinrich IV nn. 69 f., 95, 97 f., 112–115, 148, 188, 253. Nach den Annales Altahenses 72 ist Berthold, Annales 273, zu korrigieren, der für 1066 Speyer hat, nach Ann. Altah. 77 für 1071 Lampert von Hersfeld 134, der Worms nennt.

[13] Lampert 166, 168, 195, 198, 232; Bischof Otto von Regensburg gehörte zu seinen Vertrauten (ebd. 255). Vgl. auch DD Heinrich IV nn. 263, 273, 276.

[13a] Bernoldi Chronicon 434, 441; Annales Augustani 129, 131 f.; Annalista Saxo 713, 726; Sigibert Gemblacensis 364; Gesta Archiepiscoporum Salisburgensium 26, 39; Bruno, De bello Saxonico 73 f.; Bertholdi Annales 306, 309, 311, 319 f.; Vita Bennonis 71; Mariani Scotti Chronicon 561; Annales Pegavienses et Bosovienses 241; Annalium Ratisbonensium Maiorum fragmentum, SS XIII 49 f.; Annales Rosenveldenses 101. Vgl. auch DD Heinrich IV nn. 285, 303, 306, 312 f., 318, 328, 376, 388 ff., 402–404.

[14] P. Schmid 70 f.; vgl. DD Heinrich IV. nn. 112–115 S. 146–151.

schichte, das 1076 erstmals voll angeschlagen wird, damit die Geschichtsschreibung den Ereignissen in Regensburg wieder volles Gewicht zumißt. 1077 wird Heinrich IV. selbst Herzog von Bayern, der Gefolgschaft der bedeutendsten bayerischen Grafen gewiß machte er 1078 Regensburg zu seiner Aufmarschbasis[15], im Oktober berief er dorthin eine Fürstenversammlung[16]. 1080 und 1081 noch war Regensburg das königliche Hauptquartier[17], dann wieder 1084, nach der Rückkehr Heinrichs aus Italien[18]. 1085 scheint eine Zusammenkunft der bayerischen Grafen und Bischöfe in Regensburg stattgefunden zu haben, auf welcher der Kaiser die Zusage künftiger Hilfe gegen Sachsen erhielt, 1086 wieder wird er in Regensburg geradezu eingeschlossen, wie die Annales Augustani berichten[19]. Durch die Erfolge der nächsten Jahre verlagerte sich die Aktionsbasis Heinrichs IV.; nur noch zu kurzem Aufenthalt weilte er vor dem großen Reichstag von 1099[20] in Regensburg. Hier ging es um die Anerkennung der Thronfolge seines Sohnes Heinrich durch die bayerischen Großen, zwei für die Stellung Regensburgs als Vorort Bayerns besonders bezeichnende Themen. Die Geschichtsschreiber berichten jedoch fast ausnahmslos nur von der gleichzeitig zu Regensburg auftretenden Seuche, der zahllose Menschen zum Opfer fielen, darunter auch der Pfalzgraf Rapoto und sein Vetter Ulrich von Passau. Nur Frutolf von Michelsberg berichtet vom Zweck der Versammlung, von der böhmischen Seite Cosmas von Prag[21].

Besonders lebendiges Echo hat schließlich dann die letzte Wende im Schicksal Heinrichs IV. gefunden, die in Regensburg begann, mit dem großen Reichstag von 1103/04[22] und der vom Kaiser zugelassenen Ermordung des Grafen Sige-

[15] Das ergibt sich aus Berthold, Annales 306, 309, 311; vgl. auch Brunos Buch vom Sachsenkrieg 92. Auch 1079 scheint Regensburg noch das königliche Hauptquartier gewesen zu sein, vgl. Berthold 319 f.; Mariani Scotti Chronicon 561. Vgl. auch Lampert von Hersfeld 232 (a. a. 1075).

[16] P. Schmid 72 f.; Bruno de Bello Saxonico 73 f., ihm folgend Annalista Saxo 713.

[17] Berthold, Annales 325 (a. a. 1088): „Ratisponam suam"; Ad Mariani Scotti Chronicon Addit. 79 (a. a. 1081); Annales Pegavienses et Bosovienses 241.

[18] Bernoldi Chronicon 441; Ann. Ratisbon. maiorum fragmentum, SS rer. Germ. IV 89.

[19] Ebd. 91. Annales Augustani, SS III 131 f.; Bernoldi Chronicon 444. Gemeiner I 189 verwechselt im Fortgang der Erzählung Regensburg und Freising. Vgl. Meyer v. Knonau IV 115 ff., 122 ff.

[20] P. Schmid 74 ff.; die Quellen: Ekkehardi Chronicon Universale 218; Annalista Saxo 732; Chronica S. Petri Erfordensis, MGH SS XXX/1 358; Monumenta Erphesfurtensia 157; Annales Hildesheimenses 50; Annales Rosenveldenses 102; Annales S. Disibodi, MGH SS XVII 16; Additiones ad Lambertum Schafnaburgensem, Pistorius, SS rer. Germ. I 426. Zu den anwesenden Großen s. DD Heinrich IV. n. 463 S. 625 (1099 IV 30).

[21] Ekkehardi Chronicon 210; Cosmas von Prag 168.

[22] P. Schmid 78 ff.; Annales Hildesheimenses 51; Ekkehardi Chronicon 225, 228 ff.,

hard von Wasserburg anfang 1104[23], die zum Abfall der wichtigsten bayerischen Grafen führte. Besonders eindrucksvoll sind die Berichte Ekkehards und Ottos von Freising, aber es gibt keinen Teil des Reiches, in den die Kunde von den Vorgängen nicht gedrungen wäre, bis zur schließlichen Entscheidung am Regen.

Die Regierungszeit Heinrichs IV. bedeutet für Regensburg zweifellos einen Höhepunkt. Wie die Beschreibung der Stadt im jüngeren Emmeramer Translationsbericht zeigt, empfand sich Regensburg selbst als Stadt des Kaisers, nicht so sehr als „Norici ducatus metropolis", wie es Otto von Freising im Zusammenhang der Erzählung der Ereignisse von 1105 nennt[24]. Ungeachtet der damit verbundenen Lasten, über die wohl auch gemurrt worden ist[25], trotz der Opfer, die vor allem das Herzogtum Bayern im Kampf zu bringen hatte, stand Regensburg bis zuletzt auf der Seite des Kaisers[26], die einzige Schrift, die Heinrich IV. uneingeschränkt verteidigt, hat sich nur in St. Emmeram erhalten, die Vita Heinrici IV. imperatoris. Mit dem Ausgang Heinrichs IV. endete jene Epoche, in der sich die Blicke des ganzen Reichs auf Regensburg gerichtet hatten; für kurze Zeit war Regensburg Hauptstadt, soweit das Reich des Mittelalters überhaupt von einem Zentrum aus regiert werden konnte. Bald nach 1106 wurde alles anders.

Heinrich V., der noch 1105 in Regensburg Widerstand gefunden hatte, scheint die Stadt nichts bedeutet zu haben. Viermal hat er für längere oder kürzere Zeit in Regensburg geweilt, viermal in Bamberg und in Würzburg, er regierte von den salischen Zentren am Rhein aus, von Mainz, Speyer und

davon abhängig Annalista Saxo 738, 740, wie Otto von Freising Chronica 318 f.; Mariani Scotti Chronicon, Continuatio I 562; Annales Ratisponenses 585; Annales Corbeienses 7; Annales Augustani 135; Continuatio Claustro-Neoburgensis I 609; Annales Admuntenses 577; Annales Mellicenses 500 (abhängig von Ekkehard); Annales Rosenveldenses 102; Annales S. Disibodi 19 (nur Festfeier); vom Reichstag allein berichten: Vitae Ottonis Episcopi Bambergensis 833; Annales et Notae Schaeftlarienses 335.

23 Über die gesamten Geschehnisse berichten außer Ekkehard 228 ff., Annalista Saxo 740 und Otto von Freising Chronica 318 f. die Annales Hildesheimenses 51 ff.; Cosmas von Prag 182; Vita Heinrici IV. Imperatoris 30 ff.; Historia Hirsaugiensis Monasterii, MGH SS XIV 257 (Colloquium cum principibus 1105). Die Ermordung Sigehards auch Annales Ratisponenses 585; Annales Scheftlarienses maiores 335. Annales Admuntenses, SS IX 577; Continuatio Claustroneoburgensis I, ebd. 609; als Vorlage dienen Annales Mellicenses (abh. von Ekkehard), ebd. 500.

24 Otto von Freising, Chronica 319. Die übrigen Quellen für 1105/06: Annalista Saxo 740. Ekkehard, Chronicon 241; Annalista Saxo 745; Annales S. Disibodi 20; Chronica regia Coloniensis 45.

25 Vgl. Anm. 9.

26 Otto von Freising, Chronica 319; Annalista Saxo 740.

Worms[27]. So tritt Regensburg in der Geschichtsschreibung kaum hervor, nur Ekkehard von Aura berichtet regelmäßig von den seltenen Anlässen, welche Heinrich V. zu Regensburg sehen. 1106 hat er hier Weihnachten gefeiert, offenbar um Bayern in Besitz zu nehmen, auch zwei Reichstage hat er hier gehalten, 1107 und 1110[28], der große Reichstag von 1110 ging dem Romzug des Königs voraus, war aber ursprünglich angesetzt worden, um den Streit wegen der Nachfolge in Böhmen zu entscheiden[29], nicht für den Italienzug; für die Regelung der Verhältnisse in Böhmen war Regensburg der rechte Ort. Noch einmal, 1121, fand eine Zusammenkunft des Königs mit einigen bayerischen Fürsten statt[30]. So gehört sicher Heinrich V. nicht zu jenen Herrschern, denen Regensburg in seiner tatsächlichen Stellung und bezüglich seines Selbstbewußtseins etwas verdankt, doch für den Dichter der Regensburger Kaiserchronik erscheint auch der letzte Salier unter jenen Fürsten, deren „Hof" zu Regensburg unter die Selbstverständlichkeiten gehört[31].

Mit dem Übergang des Königtums an das Salische Haus war Bayern aus der Stellung des Königslandes, die es für den ehemaligen Bayernherzog Heinrich II. lange Zeit inne hatte, notwendigerweise verdrängt worden, da der Hausbesitz am Mittelrhein und die Masse des Königsgutes in Sachsen lagen; auch die politischen Schwerpunkte wechselten, so daß nur bei der jeweils kurzfristigen Verlagerung dieser Schwerpunkte nach dem Südosten — bei Krisen an der Böhmen- oder Ungarngrenze unter Heinrich III., angesichts der zeitweiligen Verdrängung des Königs aus der Stellung im Zentrum Deutschlands unter Heinrich IV. — Regensburg als Stadt des Königs in Erscheinung trat. Mit der Wahl des Sachsenherzogs Lothar 1125 wurde Regensburg vollends an den Rand gedrängt. Die Tradition des Königsumritts hatte sich schon so gefestigt, daß auch Lothar von Supplinburg für Bayern den Antritt seiner Herrschaft im Reich durch persönliches Erscheinen bekunden mußte. Es fällt allerdings bei den zwei Berichten, die wir über diesen Vorgang haben[32], auf, daß der Empfang „regio

[27] HEUSINGER 158. In Mainz weilte Heinrich V. 15 mal, in Speyer und Worms je 13 mal, in Goslar und Aachen je 9 mal, in Straßburg 8 mal.

[28] P. SCHMID 80 ff.; die Quellen: Ekkehard, Chronicon Universale 242, Annalista Saxo 746; Kaiserchronik v. 16864. Zu 1110: P. SCHMID 81 ff.; die Quellen: Ekkehard, Chronicon 243, identisch mit Annalista Saxo 747; Cosmas von Prag 200; Vitae Ottonis Episcopi Bambergensis 886; Vita Erminoldi abbatis Pruveningensis 484.

[29] Cosmas von Prag 200.

[30] Ekkehard, Chronicon Universale 258, identisch mit Annalista Saxo 757; Metellus, Quirinalia 344. Vgl. MEYER v. KNONAU VII, 1909, 168.

[31] Deutsche Chroniken I/1 v. 16864.

[32] Annalista Saxo 763: „Igitur rex Liuderus electus et consecratus versus Bawariam tendit, et apud Ratisponam regio more suscipitur, rebusque ibi rite dispositis, remeat";

more" in Regensburg, der sich unmittelbar an die Krönung in Köln anschließt, so berichtet wird, als ob Regensburg jetzt bereits das gleiche Recht wie einst Aachen, dann Mainz und Köln im Rahmen der Königserhebung zukäme — doch die Berichterstattung des Annalista Saxo nahm nur der Kölner Chronist auf, nicht einmal in Bayern weckte sie ein Echo, konnte also auch keinen Anspruch begründen. Nur der Annalista Saxo folgt überhaupt den Vorgängen auch in Bayern regelmäßig, der Fortsetzer des Cosmas von Prag, soweit Böhmen betroffen ist. Die mit der Huldigung Bayerns verbundene Fürstenversammlung[33] von Weihnachten 1125 fand ebenfalls wenig Interesse, so folgenreich die Beschlüsse bezüglich des Reichsgutes und der Anerkennung des päpstlichen Bestätigungsanspruchs wie die Regelung der Nachfolge in Böhmen auch waren. Lothar III. verstand die Chronisten durch seine Persönlichkeit und durch seine Leistung nur wenig zu beeindrucken, so hoch seine Bedeutung auch zu veranschlagen ist[33a]; von der Fürstenversammlung 1130 zu Regensburg erfahren wir nur aus Urkunden, daneben haben wir die kurze Erwähnung der Teilnahme des Böhmenherzogs Sobieslav[34]. In mehr als zehnjähriger Regierungszeit suchte also der Kaiser Regensburg nur zweimal auf, er weilte vorwiegend in Sachsen oder am Rhein, auch beginnt sich ein Wandel in der Beanspruchung des Gastungsrechts abzuzeichnen; die meistbesuchten Aufenthaltsorte sind nicht mehr Bischofsstädte, sondern Pfalzen, Goslar und Aachen[35]. Mag sich im allgemeinen hier vielleicht auch bereits das Wormser Konkordat auswirken, das die Beziehungen zwischen König und Bischof auf eine neue Basis stellte, die lehensrechtlich zu interpretieren war[36], was Regensburg im besonderen angeht, wirkt sich bei der Zurückhaltung des Kaisers zweifellos die Tatsache aus, daß die Stadt selbst — auch wenn der Bischof von Regensburg 1137 Erzkanzler wurde[37] — und das Herzogtum Bayern unter dem sächsischen König wieder,

Chronica regia Coloniensis 63 (auch hier schließt sich der Zug nach Regensburg sofort an die Krönung in Köln an, im Schlußsatz wörtliche Übereinstimmung mit dem Annalista Saxo). Zum Vorgang auch FICKER-PUNTSCHART II/2, 21

[33] P. SCHMID 87 ff.; die Quellen: Annales S. Disibodi 23 (Bericht über den Verhandlungsgegenstand); Annalista Saxo 763; Canonici Wissegradensis Continuatio Cosmae 132; Annales Patherbrunnenses, hg. v, P. Schaeffer-Boichorst, 1870, 147.

[33a] Vgl. F.-J. SCHMALE, Lothar III. und Friedrich I. (Probleme des 12. Jahrhunderts. Vorträge u. Forschungen XII) 1968, 34.

[34] P. SCHMID 89; die Quellen: DD Lothar III. n. 27 S. 42; Canonici Wissegradensis Continuatio Cosmae 134.

[35] Th. MAYER, Königtum (Karten); HEUSINGER 159 (Goslar 11, Aachen 8, Quedlinburg 6, Magdeburg 5, Köln 6, Mainz 4, Speyer 4, Worms 3, Straßburg 6, Würzburg 7); für Regensburg fehlt hier jede Angabe.

[36] CLASSEN 92.

[37] Annalista Saxo 774 (a. a. 1137); Leonis Marsicani et Petri Diaconi Chronica Mo-

wie unter den Ottonen, außerhalb der großen politischen Kraftlinien der Epoche zu liegen kamen.

Für Regensburg ergab sich dabei aber doch eine völlig neue Lage, es scheint sich in diesen Jahren eine Neuorientierung der Herrschaftsverhältnisse anzubahnen. Zum ersten Mal tritt der Herzog von Bayern, der bisher, seit Heinrich II., stets gänzlich im Schatten des Königs gestanden war, in Regensburg wieder mit dem Anspruch auf Stadtherrschaft auf. 1126 setzt Heinrich der Stolze in Regensburg einen bayerischen Landtag an und erhebt eine Steuer von der Bürgerschaft, 1132 versucht er, sich gewaltsam Einfluß auf die Besetzung des Regensburger Bischofstuhls zu verschaffen, er entreißt die Domvogtei dem bisherigen Inhaber, Friedrich von Bogen, — aber auch von dem beginnenden Kampf um die Macht in Regensburg, der sich ankündigte beim ersten Anzeichen der Schwäche des Königtums, nahm nur die welfische Hausgeschichte Notiz [38]. Nicht Regensburg oder Bayern, das zeigt sich dann mit dem Dynastiewechsel von 1137, sondern das Königtum selbst hatte für die Geschichtsschreibung weitgehend an Anziehungskraft verloren. Die reich blühende süddeutsche Klosterannalistik kümmerte sich, von wenigen Ausnahmen abgesehen, auch nicht um die einschneidendsten Vorgänge im Reich, es entstand auch keine Hofhistoriographie; was das Verhältnis des Königtums zu Regensburg angeht, wird deshalb in der Geschichtsschreibung, auch nicht in der wieder einsetzenden Regensburger Annalistik, die seit 1138 so stark wie nie spürbare königliche Gegenwart nicht in vollem Umfang sichtbar. Für Konrad III., der im wesentlichen eingeengt war auf Süddeutschland, stellte Regensburg einen seiner wichtigsten Stützpunkte dar, nur 1145 und zur Zeit des Kreuzzuges weilte er nicht für kürzere oder längere Zeit hier, nur in Würzburg weilte er öfter [39]. Sechs große Versammlungen hat er in den wenigen Jahren seiner Herrschaft in Regensburg gehalten. Vor allem in Bayern breite Beachtung gefunden hat davon die Fürstenversammlung von 1138 [40], mit der Huldigung des bayerischen Adels

nasterii Casinensis, SS VII 840; DD Lothar III. n. 118, 119, 120, S. 189, 193, 202 (1137 VIII/IX).

[38] Historia Welforum, hg. v. E. König, 1938, 28, 30 ff.; Annales Ratisponenses 585; vgl. auch Reindel, bei Spindler I 256. Von der starken Position des bayerischen Herzogs, 1125 allerdings noch durch die Zusammenarbeit mit dem Erzbischof von Salzburg und dem Bischof von Regensburg abgestützt, erfahren wir bereits in der Narratio de Electione Lotharii Saxoniae ducis in Regem Romanorum, SS XII 511.

[39] Heusinger 159; Mayer, Königtum (Tafel 6); Koller 16 f.; Brühl, Fodrum 141. Die einzelnen Städte: Würzburg (16/19), Regensburg (Brühl: 11; Heusinger: 12; Mayer: 13), Nürnberg (19/13), Frankfurt (7), Bamberg (7), Speyer (6), Aachen (4), Worms (4), Goslar (4), Ulm (4).

[40] P. Schmid 90 ff.; die Quellen: Annales S. Disibodi 25 (ohne ausdrückliche Bezug-

und der Übergabe der Reichsinsignien an den neuen König, doch dann erlahmte das Interesse rasch, größeres Aufsehen als die nächsten Reichsversammlungen in Regensburg erregten die vergeblichen Versuche des Bayernherzogs Leopold, die Stadtherrschaft in Regensburg zu erringen[41]. Die Versammlung von 1141 findet in der Annalistik kaum noch Beachtung[42], die des Jahres 1142 überhaupt nicht[43]. Selbst von der großen Regensburger Versammlung des Jahres 1147, die dem Kreuzzug vorausging, und jener von 1149, die ihm folgte, berichtet nur Otto von Freising[44], vom Durchzug Ludwigs VII. von Frankreich durch Regensburg nach Ungarn 1147 erfahren wir nur aus französischen Quellen und den Annales Ratisponenses[44a], die Fürstenversammlung von 1151, auf welcher Konrad III. einen Zug nach Rom ankündigte[45], ist aus Otto nur noch zu erschließen.

Eben die Tatsache nun, daß Otto von Freising, Stiefbruder des Königs und einer der Führer auf dem Kreuzzug, in dieser Epoche lähmender Lethargie, inmitten des hoffnungslosen Überdrusses an dem verwirrenden Streit dieser Jahre selbst die abgerissenen Fäden zusammenhielt, machte die unbefangene Aufnahme jener Zeugnisse des Regensburger Selbstverständnisses, die zur Zeit Heinrichs III. und Heinrichs IV. entstanden waren, und ihre Umformung möglich. Otto hat nicht nur für seine Chronik an Quellen auch lokale Überlieferung aus Regensburg benützt, er hat die machtvolle Herrschaftsausübung des Königs in Regensburg, das Ringen um die Stadtherrschaft zwischen Herzog, Bischof und Domvogt zum Teil noch selbst erlebt, er hat vor allem, anders als die meisten Annalisten der Vergangenheit, die Stadt selbst gesehen. Sie muß um diese Zeit einen unauslöschlichen Eindruck hinterlassen haben. Gerhoh von Reichersberg, der in seinen historischen Aufzeichnungen Regensburg geradezu ignoriert, vergleicht die „Ecclesia Ratisbonensis" in einem Brief an den Abt von Prüfening um 1155 mit der biblischen Stadt auf dem Berg[46], „Civitas

nahme auf die Versammlung); Historia Welforum 46; Gesta Archiepiscoporum Salisburgensium 66; Otto von Freising, Chronica 345; Gottfried von Viterbo, Pantheon, MGH SS XXII 260; Kaiserchronik v. 17200; Annales Patherbrunnenses 167; Österreich. Chronik der 95 Herrschaften, Deutsche Chroniken VI 129.

41 Otto von Freising, Chronica 349 f.

42 P. Schmid 94; Quellen: Annales S. Disibodi 26; die Annales Patherbrunnenses 169 und die Annales Palidenses 80 verlegen die Versammlung nach Würzburg.

43 P. Schmid 95; DD Konrad III. n. 81 S. 144, 1142 XII 15; vgl. auch nn. 82–83, S. 144–148.

44 Gesta Friderici I. Imperatoris 60 f., 91; s. P. Schmid 95 ff.

44a SS XVII 586; vgl. auch Anm. 49.

45 P. Schmid 98 f., dort die Urkunden.

46 „Ecclesia Ratisbonensis tanquam civitas super montem posita non potest abscondi:

potentissima" nennt sie der Fortsetzer des Cosmas von Prag[47], und dem Geschichtsschreiber des Erzbischofs Eberhard von Salzburg erschien Regensburg, die „mater provinciae", wenige Jahrzehnte später als die volkreichste Stadt in Deutschland[48], eine Äußerung, die so unvermittelt fällt, daß man annehmen muß, mitten bei der Niederschrift habe den Verfasser noch einmal das ganze Staunen des ersten Anblicks überkommen. Kaum weniger beeindruckt war Odo von Deuil, der Kaplan Ludwig VII. von Frankreich und spätere Abt von Saint-Denis, der den Zug seines Königs ins Heilige Land beschreibt. „Civitates opulentissime" nennt er die Städte von Metz bis Passau, die der Zug berührt, in Regensburg bewundert er die großartige Brücke, Regensburg selbst steht, in einem auf den Zeitpunkt des Abmarsches bezogenen Vergleich zwischen Konrad und Ludwig, neben Saint-Denis[49].

Was hier hauptsächlich lokal gemeint ist, jedenfalls ohne deutliche Anspielung auf den Rang der einander zugeordneten Heiligtümer, ist zur gleichen Zeit bereits wenigstens den größten deutschen Geschichtsschreibern dieser Epoche als providentieller Anspruch des Klosters St. Emmeram und der Stadt Regensburg bekannt. Frutolf von Michelsberg, der als erster von der Emmeramer Auffassung des Vorgangs von 1052, der Erhebung der Gebeine des hl. Wolfgang und des Dionysius Areopagita, berichtet, zeigt sich allerdings von dem damit verbundenen Anspruch Regensburgs als zweites Athen, als Gründung des Kaisers Tiberius und damit als Stadt gleichen Ranges wie Aachen, Trier und Rom unberührt. Er übernimmt gewissenhaft aus den Annalen der Karolingerzeit, aus Regino und Widukind alle Nachrichten über die Vorgänge in Regensburg, er kennt die Dichte der königlichen Gegenwart in den Zeiten, die seine Chronik behandelt; er nennt Bayern mit Widukind ein Königreich, Regensburg „urbs regia" oder „Baioariae urbs", Hauptstadt Bayerns also, wie sein Fortsetzer Ekkehard von Aura (seit 1099) Augsburg „Alemanniae metropolim", Prag „Boemie metropolim" nennt[50]. Abgesehen davon, daß er die Vor-

quia est altum candelabrum in quo posita lucerna, sive clare, sive non clare luceat, multis erit conspicua". Abdruck bei B. Pez, Codex Diplomatico-historico-epistolaris, Thesaurus Anecdotorum novissimus VI, 1729, 591 ff.; PL 193, 606 f. n. 25; zur Stelle Gemeiner I 239, die Datierung bei P. Classen, Gerhoh von Reichersberg, 1960, 362 f. Zu Gerhoh s. auch S. 70.

[47] Canonici Wissegradensis Continuatio Cosmae 138, a. a. 1132.

[48] Vita Eberhardi Archiepiscopi, Gesta Archiepiscoporum Salisburgensium 82, a. a. 1161 (geschrieben um 1180): „Interea more suo pacem reficere in Ratispona laborabat populosissima urbe; neque enim apud Germaniam populosiorem urbem tametsi latiorem, testantur qui norunt".

[49] S. Anhang Nr. 11.

[50] Chronicon Universale 167 (Karl d. Gr.), 180: „cum omni regno suo" (a. a. 921,

gänge in Regensburg, besonders Leben und Wirken der Regensburger Bischöfe aufmerksam verfolgt, ist keine innere Verbundenheit mit Regensburg zu erkennen. Wenn man aber bedenkt, daß in der Vita Heinrici IV., die doch nur in Regensburg überliefert ist, der Name der Stadt nur einmal erscheint, ist die Aufgeschlossenheit Frutolfs wie Ekkehards an sich schon erstaunlich; die Annahme, daß Frutolf aus dem Regensburger Raum stammte, erscheint berechtigt. Nicht anders ist das Verhältnis des Annalista Saxo zu der Stadt, die er so oft nennt. Auch er verfolgt, unter Benutzung Ekkehards, alle großen Momente der Reichsgeschichte in Regensburg. Von Regino und Widukind übernimmt er die Bezeichnung „regnum" für Bayern, „urbs regia" für Regensburg [51], er kennt die große Zahl von Reliquien der Heiligen zu Regensburg [52], sein Interesse für die Vorgänge in der Stadt ist lebhaft wie bei Frutolf und Ekkehard, er benützt reiche Quellen, vor allem auch Thietmar, doch auch er ist unberührt von dem Bild, das die Regensburger Geschichtsschreiber in der Salierzeit entworfen haben. Diese Einstellung ist längst traditionell. Lampert von Hersfeld, der immerhin Aachen, Mainz und Köln hervorhebt aus der großen Zahl der Städte des Reiches, nennt Regensburg ohne jeden Zusatz, doch vermerkt er es sorgfältig, wenn der König hier eines der großen Kirchenfeste feiert [53]. Hermann von Reichenau berichtet ebenfalls sachlich, ihn interessiert allerdings nicht so sehr Regensburg, sondern er erwähnt den Ort der Entscheidungen, ohne ihm große Aufmerksamkeit zu schenken, so reich auch für die Zeit eigener Geschichtserfahrung gerade die Nachrichten über das kirchliche Regensburg bei ihm werden. Cosmas von Prag wieder hat besonderes Interesse nur für Regensburg als die Stätte, wo das Schicksal Böhmens entschieden wird, die kirchlichen Verbindungen wirken nach in seiner Ehrfurcht für den hl. Emmeram, für Abtbischof Tuto und den hl. Wolfgang [54]. Weiter geht das Interesse

aus Widukind 40); ebd. 188: „urbem regiam Ratisponam" (a. a. 953, aus Widukind 115); ebd. 208: „Ratisponam Baioariae urbem" (a. a. 1097); Ekkehardi, Chronicon, pars altera 241, 243; vgl. auch die Hinweise bei J. Schmale-Ott, Untersuchungen zu Ekkehard von Aura und zur Kaiserchronik (ZBLG 34) 1971, 439; zu Frutolf und Ekkehard s. ferner F.-J. Schmale, bei Wattenbach-Holtzmann III, 1971, 149*–155*; Spindler III, 1971, 133–136 (F.-J. Schmale).

[51] Annalista Saxo 585 (a. a. 880, 882, identisch mit Regino a. a. 880, 882), 594 (a. a. 920, identisch mit Ekkehard und Widukind a. a. 921); ebd. 610 (a. a. 953, identisch mit Ekkehard und Widukind a. a. 953).

[52] Annalista Saxo 615 (a. a. 961, anläßlich der Übertragung der Reliquien des hl. Moritz nach Magdeburg).

[53] Annales 195, a. a. 1074: „regni sedem Aquisgrani occupare paratus"; ebd. 193, a. a. 1074: „Ita civitas paulo ante civibus frequentissima et post Mogontiam caput et princeps Gallicarum urbium . . ." (Köln). S. auch S. 59 Anm. 12.

[54] Cosmas von Prag 36, 41, 48.

der Geschichtsschreiber vor der Mitte des 12. Jahrhunderts nicht, im allgemeinen auch nicht später, etwa bei den Autoren der Gesta der Salzburger Erzbischöfe, die besonders für das kirchliche Regensburg wichtige Nachrichten vermitteln; eine Ausnahme macht der schon erwähnte Biograph Eberhards[55] oder der Melker Annalist, der um 1120 von Regensburg als der „Baioariae urbs“[56] spricht, wie schon so viele vor ihm. Fasziniert von dem ehrwürdigen Alter Regensburgs, der tiberianischen Gründung der jüngeren Translatio, aber auch von der eigenen Zugehörigkeit zum alten Noricum, dessen Geschichte er, wohl in selbständiger Erfindung, angelehnt an die fränkische Trojaner-Sage und die sächsische Abstammungssage bei Widukind mit ihrer Herleitung von den Makedonen Alexanders d. Gr.[57] zurückführt bis zum Herkules-Sohn Norix, erscheint nur der Autor der Vita Altmanns, des Passauer Reformbischofs[58]. Auf dieses Noricum ist als einzige Stadt die „civitas Tiburtina quae nunc Ratispona dicitur“ zugeordnet, in deutlicher Anlehnung an Honorius Augustodunensis, wenngleich doch wieder ohne dessen providentielle Bedeutsamkeit. Bei diesem unmotivierten Einschub handelt es sich zweifellos nur um gelehrte Spielerei, nicht aber ein Jahrzehnt später bei dem Versuch des Babenbergers Heinrich Jasomirgott, als offiziellen Namen für seine Residenzstadt Wien zur Erhöhung ihrer Würde das antike Favianis oder das antikisierende Vindopolis zu verwenden[59]. Kurz zuvor versuchte er, Regensburg zu seiner Metropole zu machen, was zu heftigen Kämpfen mit dem Bischof Heinrich von Regensburg führte[60].

Die vordergründige Absicht, in diesem Ringen eine deutliche staatsrechtliche Markierung zu setzen, wird man Otto von Freising, dem Bruder des Babenbergers Heinrich Jasomirgott, nicht unterstellen dürfen, wenn er dem Namen Regensburg in geradezu monotoner Wiederholung den Zusatz „Metropolis“ beifügt. Bereits bei der ersten Erwähnung Regensburgs in seiner Chronik, die er Reginos Bericht über 880 entnimmt, fügte er zu „Ratisponam“ bei Regino hinzu „Baioariae metropolim“[61]. Es fällt auf, daß aus der ganzen Epoche Karls

[55] S. Anm. 48.

[56] SS IX 496, a. a. 891.

[57] Auf die Benutzung von Widukind weist hin H. Hirsch, Vita Altmanni 350; vgl. auch Grau 21 f.; G. R. Spohn, Armenien und Herzog Naimes (ZBLG 34) 1971, 189 ff. Lhotsky 206 bezweifelt, daß hier die Norix-Fabel zum erstenmal auftritt.

[58] Vita Altmanni 237: „Hanc (Bavariam) post multos dies Norix filius Herculis expugnans, Noricum ex suo nomine vocavit; in qua et civitatem Tiburtinam, quae nunc Ratispona dicitur, aedificavit“.

[59] Koller 26.

[60] Otto von Freising, Gesta Friderici 47.

[61] Chronica 269.

d. Gr., aus der langen Regierungszeit Ludwigs d. Deutschen trotz der reichen historischen Bezeugung kein Ereignis erwähnt wird, das sich in Regensburg abspielte. Sicher will Otto in seiner Chronik keine Geschichte Bayerns oder gar Regensburgs bieten, die Erzählung ist gedrängt, die Auswahl, die zu treffen war, ist orientiert an der heilsgeschichtlichen Bedeutung der Vorgänge[62], doch für andere Epochen wird die Darstellung auch unter Umständen breiter, auch Einzelheiten ohne allgemeine Bedeutung werden erwähnt. So vergißt er etwa bei der Erwähnung der Herrschaft Kaiser Arnulfs nicht zu bemerken, daß der Kaiser Regensburg, die Hauptstadt Bayerns, besonders hochgeschätzt habe[63], daß in St. Emmeram sein Grab liege, daß man sich dort rühmt, den Leib des Dionysius Areopagita zu besitzen[64]. Es ist deutlich, daß diese Partie von St. Emmeram und der dortigen Überlieferung inspiriert ist, die eben mit der Epoche Arnulfs voll einsetzt. Die Abhängigkeit von dieser Tradition wird auch deutlich bei seinem völligen Schweigen über die Stellung der bayerischen Hauptstadt unter Heinrich II., die doch aus Thietmar oder aus dem Annalista Saxo hervorgeht. Es kommt allerdings Otto, wie es scheint, auch bei der wiederholten Charakterisierung Regensburgs als Metropolis vor allem auf die Herausarbeitung von historisch bedeutsamen Höhepunkten an[65]. Ein zweiter solcher Höhepunkt, nach der Epoche Kaiser Arnulfs, wird eingeleitet mit der Erwähnung des Marsches Heinrichs V. 1105, kurz vor der Wendung im Kampf um die Krone, nach Regensburg[66]. Jetzt sagt er allerdings nicht mehr schlechthin „Baioariae", wie für 880 oder für die Zeit Kaiser Arnulfs, sondern „Norici ducatus metropolim", Regensburg ist also die rechtmäßige Hauptstadt des Herzogtums Bayern und Residenz seines Herzogs. Als solche, als „Metropolis ac sedes ducatus" erscheint Regensburg vor allem bei der Schilderung der ersten Unterwerfung 1139 durch Herzog Leopold, den älteren Bruder Ottos, und der folgenden Kämpfe[67]. Regensburg war also einst, unter den Karolingern, die

62 Spörl, Grundformen 19.

63 Vgl. S. 56 Anm. 1.

64 Diese Notiz wird also nicht in den Zusammenhang von 1052 gesetzt, wie bei Ekkehard (Chronica 301 findet sich keine Erwähnung der Translation, a. a. 1052), sondern als zur Charakterisierung der Stellung Regensburgs gehörig an diesem ersten Höhepunkt der Regensburger Geschichte unter Arnulf. Benützt hat Otto dabei die Emmeramer Translationsberichte (s. Anm. 1/2).

65 Vgl. Spörl 36.

66 Chronica 319.

67 Ebd. 349 f. Vgl. auch oben Anm. 60; die ganze Stelle zeigt den staatsrechtlich betonten Zusammenhang: „Dum haec aguntur in Italia, Leopaldus marchio suscepto a rege ducatu Norico, omnibus pene baronibus ad eum confluentibus, primo metropolim ac sedem ducatus Ratisponam ditioni suae subdidit".

Hauptstadt des Königreichs Bayern[68], jetzt ist es die Stadt der Herzöge. In den „Gesta Friderici" wird dieser Tatbestand noch einmal ganz präzis festgehalten. Nach wiederholter Erwähnung von Regensburg als der „Norici ducatus metropolis"[69] heißt es zum Jahre 1155: „Baioariorum quondam regum, modo ducum sedes"[70]. Für den realistischen Historiker Otto von Freising verbindet sich historisches Geschehen mit den Gegebenheiten von Zeit und Raum; das Stoffliche tritt in Erscheinung als Symbol des Geistigen[71]. Otto benützt, wenn er eine Stadt zu charakterisieren versucht, nicht beliebig verwendbare hochtönende Epitheta, das zeigt am deutlichsten das Beispiel Triers. Glanz und Größe menschlicher Dinge wie den bestürzenden Wandel, dem sie unterworfen sind, weiß er in wenigen beiläufigen, durch den Zusammenhang der Erzählung keineswegs geforderten Wendungen gleichermaßen zu erfassen[72]. Anders als bei dem Hagiographen Otloh, für den der Ort kaum existiert, oder auch bei dem Symbolisten Gerhoh von Reichersberg, der in seinen Streitschriften und in seinem Geschichtswerk den Namen Regensburg nur benützt, um Geschehnisse von besonderer heilsgeschichtlicher Bedeutung, seien sie nun positiver oder negativer Art, zu lokalisieren[73], wird bei ihm der Ort des Geschehens in dieser sichtbaren Welt bestimmt und genau verankert[74], ohne daß die dazu not-

[68] So ist die Erwähnung zu 880 und zu Arnulf gemeint; das ergibt sich aus Chronica 258, wo die Ordinatio Imperii von 817 behandelt wird (nach Frutolf von Michelsberg) und wo es heißt: „Nam alios duos Karolum et Lodewicum reges vocatos, unum Aquitaniae alium Baioariae prefecit".

[69] Gesta Friderici I. Imperatoris 107 (a. a. 1152), 151 (a. a. 1155).

[70] Gesta Friderici 151.

[71] Spörl 20.

[72] Chronica 151: „ad florentissimam vero Galliae urbem"; ebd. 269: „nobilissimam urbem Galliarum Treverim; ebd. 323 „Haec civitas (= Köln) in Belgica Gallia super Rhenum posita omnibus Galliae ac Germaniae urbibus, ex quo Treveris labi cepit, tam divitiis quam edificiis, magnitudine ac decore sui preferenda cognoscitur".

[73] Epistola ad Innocentium papam: Regensburg war erst die Stadt des hl. Wolfgang, jetzt wird es regiert vom Sohn der Magd (Libelli de Lite III 236); De investigatione Antichristi (ebd. 324): Bericht über die Profanierung einer Kapelle in Regensburg; 1105 Entscheidung zwischen Heinrich IV. und Heinrich V.: „Iusto ... iudicio" (ebd. 332, identisch Annales Reicherspergenses, SS XVII 451). Zum Geschichtssymbolismus Gerhohs, der 1128 bis 1132 in Regensburg nachzuweisen ist, der 1138 auch beteiligt war an der Gründung von St. Mang, s. E. Meuthen, Der Geschichtssymbolismus Gerhohs von Reichersberg (Geschichtsdenken und Geschichtsbild im Mittelalter, hg. v. W. Lammers, Wege der Forschung XXI) 1961, 200–246, bes. S. 204 ff.; E. Meuthen, Kirchen- und Heilsgeschichte bei Gerhoh von Reichersberg, 1959, 22 f., 29 (Unmaßgeblichkeit der Dinge); P. Classen, Gerhoh von Reichersberg, 1960, 46 (Fremdheit des rein Säkularen). S. auch Spindler I 475 ff., 501 ff.

[74] Das ist aus Parallelen erschließbar; vgl. etwa zur heilsgeschichtlichen, von Gott zu-

wendige Charakterisierung kurzschlüssig an die Heilsgeschichte angelehnt wird. So hat Otto die St. Emmeramer Tradition über die Stellung des Klosters in der Stadt zur Zeit Kaiser Arnulfs nur mit ihrem faktischen Gehalt übernommen, die heilsgeschichtliche Begründung bei Arnold und aus den beiden Translationsberichten hat er völlig ignoriert. Dionysius Areopagita führt er nur als ihm berichtete Tatsache an, bei der Übernahme jener Emmeramer Behauptung von der besonderen Vorliebe Arnulfs für Regensburg benützt er nicht, wie das dort geschieht, die Verehrung des Kaisers für den hl. Emmeram als Begründung, sondern umgekehrt die Bevorzugung Regensburgs als Begründung für die Förderung St. Emmerams durch den Kaiser[75]. Regensburg ist für Otto aber auch nicht ein beliebiger historischer Schauplatz wie andere, deren Namen auswechselbar sind, nur Symbol für das Geschehnis selbst. Er führt uns auf diesen Schauplatz nur selten; fast immer, wenn er Regensburg als Metropolis charakterisiert, handelt es sich bei den geschilderten Ereignissen um solche von epochaler Bedeutung für Bayern oder für das Reich, zum wenigsten in den Augen Ottos selbst[76]. Das zeigt sich nicht nur in der Chronik, sondern auch in der Geschichte der Taten Friedrich Barbarossas, wo Regensburg außerdem wiederholt als Ausgangspunkt für einen Kreuzzug erscheint, zum Wendenkreuzzug von 1147[77] und dem großen Kreuzzug ins Heilige Land im gleichen Jahr[78]; der Hauptstadtcharakter wird aber erst betont im Zusammenhang mit der Verfügung über das Herzogtum Bayern von 1156, deren erste Stufe schon 1152 angesetzt wird[79]. So scheint es, daß für Otto von Freising Regensburg nicht so sehr das Herrschaftszentrum, der Aufenthaltsort der Regierung, sondern gewissermaßen die sichtbare Verkörperung der Herrschaft über Bayern

gewiesenen Rolle der Städte in den Gesta Pontificum Cameracensium und im Annolied D. Knab, Das Annolied, Probleme seiner literarischen Einordnung, 1962, 96; Thomas 156.

[75] S. Anm. 1.

[76] Dabei ist wohl auch die Auswahl der Vorlagen wie die Diktion des benutzten Autors von beträchtlichem Einfluß; der Eindruck des epochalen Charakters der Besitzergreifung Regensburgs durch Ludwig d. Jüngeren 880 (Chronica 269) wird nur erweckt durch die Worte Reginos („At Lodewicus Orientalis Franciae rex morte fratris comperta Ratisponam adiit omnesque terrae illius optimates ditioni suae subiecit"), doch gerade sie, nicht die historische Wirklichkeit – die kurze Dauer dieser Herrschaft – bestimmen die Fassung Ottos. Nach der Notiz zu 1105 (Chronica 319) setzt Otto selbst den Einschnitt ab durch eine längere allgemeine Betrachtung; der Bericht über die Einsetzung Leopolds als Herzog in Bayern (Chronica 349), der die feierlichste Erwähnung Regensburgs bietet, bedient sich fast derselben Worte wie Regino bzw. Otto selbst a. a. 880.

[77] Gesta Friderici 7.

[78] Ebd. 64.

[79] Ebd. 107, 151; 101 die Kapitelüberschrift.

darstellt, so wie ihm auch Aachen, dessen Bedeutung gerade seine Generation wieder entdeckt hat[80], noch für eine Epoche als „sedes regni Francorum"[81] erschien, wo es die aktuelle Bedeutung einer Residenz bereits Jahrzehnte hindurch nicht mehr besaß. Die Pfalz blieb ihm trotzdem Symbol des fränkischen Königtums, wie auch noch bei der Krönung Ottos I. oder der Erhebung Ottos II. zum deutschen König. Die Parallele zu Aachen wahrt jedoch, im Gegensatz zur Parallele, welche die Emmeramer Mönche des vorausgegangenen Jahrhunderts zwischen Regensburg und Paris gezogen hatten, deutlich den Unterschied des Ranges. Die besondere Bedeutung Regensburgs bleibt begrenzt auf Bayern.

[80] S. MEUTHEN, Karl der Große.

[81] Chronica 259, zum Vertrag von Verdun; als „sedes regni" von Karl d. Gr. bestimmt (ebd. 257). Verbindung mit Königtum ebd. 280 (a. a. 936), 289 (a. a. 961, Erhebung Ottos II.).

5. Kapitel

Die Kaiserstadt Regensburg: Barbarossa oder Karl der Große

Die maßvolle Auffassung Ottos von Freising, so hoch sie Regensburg auch heraushob unter den Städten des deutschen Südens, war unannehmbar für die Regensburger Historiographie der nächsten Generationen, welche in der von ihm festgehaltenen Rangordnung keine Steigerung zu erblicken vermochte, sondern nur den Verzicht auf die bereits abgesteckte providentielle Rolle. Jene Generation am Ausgang des hohen Mittelalters, welche bereits das Verblassen des ehemaligen Glanzes verspürte und sich deshalb noch einmal aufbäumte, führte das Regensburger Selbstverständnis zur letzten Steigerung. Diese späte Blüte der mittelalterlichen Geschichtsschreibung Regensburgs, die weit stärker beeinflußt erscheint vom Annolied und Rolandslied, vom sagenhaften Beginn in der Regensburger Kaiserchronik und der Gralsdichtung Wolframs von Eschenbach als von den Chroniken und Annalen mit ihrer strengen Tatsachentreue, sieht wohl auch die ganze Kaiserherrlichkeit des 12. und frühen 13. Jahrhunderts in der Verkürzung der Rückschau zusammengedrängt im Bild einer permanenten kaiserlichen Gegenwart zu Regensburg. Dieses Bild wird jedoch nicht mehr rational begründet, wie noch in den Fälschungen und Erdichtungen des 11. Jahrhunderts, sondern verdichtet in der Legende. Eigentümlicherweise fließt in diese Legende nichts ein von den welthistorischen Szenen des 12. Jahrhunderts zu Regensburg, sondern die Kreuzzugsstimmung der Stauferzeit, das Bewußtsein besonderer kaiserlicher Nähe konzentrieren sich auf eine einzige historische Gestalt, auf Karl den Großen. Die Gestalt Friedrich Barbarossas dagegen hat zwar die Regensburger Annalistik der Stauferzeit spürbar beeindruckt, das zeigt die Begeisterung, mit welcher in der Fortsetzung der Annales Ratisponenses seit 1130 durch unbekannte Regensburger Kleriker[1] seine Taten

[1] Auch der Emmeramer Codex der Annales Ratisponenses (Clm 14733) wurde nicht in St. Emmeram verfaßt, nur im Prüfeninger Codex (cod. 12600 Wien) finden sich Nachrichten über Äbte (vgl. W. Wattenbach, Vorrede zur Edition der Annales in SS XVII 577 f.). Bezeichnend dafür ist auch der Eintrag zu 1137: „Hoc anno fratres de Sancto Emmerammo a capite ieiunii usque ad 12 Kal. Aug. a divino officio sunt suspensi propter censum Romanae ecclesiae debitum" (SS XVII 586).

in Italien verfolgt werden[2], ohne Tadel für den Kaiser auch nach dem Schisma von 1159, im Gegensatz zur Ablehnung Heinrichs IV. in der älteren Fassung[3]. Der Domherr Hugo von Lerchenfeld, der gegen Ende des Jahrhunderts die Annalen für die Zeit von 1174 bis 1197 weiterführte[4], bringt seine Sympathie für den Kaiser, den er in feierlicher Titulatur „Romanorum Imperator" nennt, zwar gedämpfter zum Ausdruck, doch verfolgt auch er sorgfältig die Begebnisse um Friedrich I., er verbindet vor allem erstmals sein Wirken mit Regensburg. Die Reichsversammlungen von 1174 und 1187 sind wenigstens genannt, ebenso der Auszug ins Hl. Land 1189, Regensburg selbst erscheint aber nur in beiläufiger Nennung, die Beziehungen der Stadt zum Kaiser sind, wie es der nüchternen Annalenform entspricht, nicht berührt. Der gleiche Sachverhalt ist festzustellen in Aufzeichnungen der gleichen Zeit aus St. Emmeram, die von deutlicher Sympathie für die staufischen Herrscher nach Barbarossa zeugen[5]. Sie wie auch die letzte Fortsetzung der Regensburger Annalen sind keine Geschichte Regensburgs, sie zeigen auch keine neue Formung des Selbstverständnisses der Stadt. Die Steigerung, die nach Otto von Freising nur möglich war in der Erhöhung Regensburgs zur „civitas imperialis"[6] geht deshalb nicht aus vom glanzvollen Zeitalter des Staufers; faszinieren konnte die Gestaltung, welche die Rolle Regensburgs unter Kaiser Arnulf einst erfahren hatte oder die Großartigkeit des Bildes Karls des Großen in der Kaiserchronik. So wird für die Begründung des neuen Anspruchs Regensburgs als Stadt der Kaiser nicht die mit ihr ungleich enger verbundene Gestalt Barbarossas in Anspruch genommen, sondern der erste Kaiser des Abendlandes.

Damit klaffen historisches Bewußtsein und Wirklichkeit, die doch eben, im 12. Jahrhundert, Otto von Freising zur Deckung gebracht hatte[7], im Bild von der Geschichte Regensburgs erneut auseinander. Und doch steht die volle pulsierende Geschichte des 12. Jahrhunderts, die ganze majestätische Wirklichkeit der kaiserlichen Präsenz auch in dieser Zeit hinter dem Selbstbewußt-

[2] SS XVII 587 a. a. 1158: „Fridericus imperator Mediolanum triumphavit et in deditionem eos accepit ..."; a. a. 1157: „... Habundantia pacis fuit".

[3] S. S. 58; nur zu 1167 heißt es: „tantam ire divine plagam incidit".

[4] SS XVII 589; Abdruck auch bei J. F. Böhmer, Fontes rerum Germanicarum III, 1853, 492–494.

[5] Notae Sancti Emmerammi, SS XVII 573–575: a. a. 1197: „Philippus vir iustus"; a. a. 1227, Exkommunikation Friedrichs II.: „ipso papa diabolo instigante"; a. a. 1229: Heinrich „non bene ab ipso duce procuratur, eo quod esset familiaris apostolico".

[6] Johann von Winterthur, SS rer. Germ. NS III, hg. v. Friedrich Baethgen, 213.

[7] Ob Otto von Freising in Regensburg zur Kenntnis genommen wurde, ist fraglich; vgl. die Zusammenstellung der Handschriften in der Ausgabe von A. Hofmeister SS rer. Germ.[2] 1912, p. XXIV ff.

sein, das uns dann nach der Mitte des 13. Jahrhunderts in einer erstaunlichen Überhöhung entgegentritt.

Als Sitz des Kaisers selbst, wie zeitweise noch bei seinem Vorgänger, läßt sich unter Barbarossa Regensburg nicht mehr verstehen, doch war die Stadt allem Anschein nach zuletzt wieder, 1187, Besitz des Kaisers[8], wie einst unter Heinrich II. Barbarossa, der eine ganze Reihe neuer Pfalzen gründete, der auch in ungemein gesteigerter Reisetätigkeit von Pfalz zu Pfalz zog[9], nützte daneben auch ein letztes Mal die Servitien der Bischofsstädte umfassend aus, die Hälfte aller Aufenthaltsorte gehört zu dieser Kategorie[10]. Regensburg, sowohl Pfalzort wie Bischofsstadt, erscheint deshalb im Itinerar des Kaisers immer noch sechzehn Mal, wie auch Worms, nur Würzburg sah den Kaiser öfter in seinen Mauern[11]. Auch wenn Regensburg in jenem Raum zwischen Frankfurt-Würzburg-Bamberg und der Donau, in welchem Barbarossa am häufigsten weilte, die südlichste Position innehatte und Nürnberg, das Bamberg an Bedeutung für das deutsche Königtum bereits überflügelt hatte, Regensburg schon sehr nahe kam, so erlebte doch keine dieser Städte die kaiserliche Gegenwart in gleichem Glanz. Das wachsende historische Verständnis um die Mitte des 12. Jahrhunderts in Deutschland zeigt sich auch in der reichen Bekundung aller großen Momente der Reichsgeschichte in Regensburg. Die Geschichtsschreibung orientiert sich vor allem an den Höhepunkten der Geschichte Regensburgs. Dazu gehören in erster Linie die Rückgabe des Herzogtums Bayern 1156 an Heinrich d. Löwen und die Errichtung des Herzogtums Österreich[12], ein Vorgang, der in Österreich wie in Sachsen außerordentliche Beachtung fand, aber auch im Elsaß und in Köln aufmerksam registriert wurde. Vollends der Kreuzzug von 1189 zog die Augen ganz Europas auf sich[13]. Die Selbstver-

[8] M. SPINDLER, Die Anfänge des bayerischen Landesfürstentums, 1937; E. KLEBEL, Landeshoheit in und um Regensburg (Zur Geschichte der Bayern, hg. v. K. BOSL) 1965, 585; SPINDLER II 23 f.

[9] SCHLESINGER 494; BRÜHL, Fodrum 141 f.; KOLLER 17, 21.

[10] HEUSINGER 72 f.

[11] Ebd. 159; Th. MAYER, Königtum (Karte) 57. Vgl. auch BRÜHL, Fodrum 141. Die Zahlen bei HEUSINGER sind zu niedrig angesetzt.

[12] H. FICHTENAU, Von der Mark zum Herzogtum, ^{2}(1965); SPINDLER II 261 (Lit.); P. SCHMID 166 ff.; die Stellen: Otto von Freising, Gesta Friderici 154 ff., 160; Annales S. Rudberti Salisburgenses 776; Annales Mellicenses 504; Continuatio Zwetlensis I. 538; Auctarium Cremifanense 554; Annales Magdeburgenses 191; Annales Palidenses 90; Annal. S. Aegidii Brunsvicensium excerptum 15; Chronicon Montis Sereni 151; Annales Reicherspergenses 465 f.; Helmoldi Chronica Slavorum, SS rer. Germ. 32, 166; Annales Isingrimi maiores 314; Annales Marbacenses 47; Hermann von Niederalteich, Annales 382 f.; Chronica Regia Coloniensis 93; Catalogus Archiepiscoporum Coloniensium 342.

[13] F. BÖHM, Das Bild Friedrich Barbarossas und seines Kaisertums in den ausländischen

ständlichkeit, mit welcher bis auf zwei Ausnahmen[14] in allen Berichten Regensburg einfach mit Namen genannt wird, ohne jeden charakteristischen oder die Lage näher bestimmenden Zusatz, verrät am meisten über seinen Rang im allgemeinen Bewußtsein.

Mit Ereignissen von solcher Einmaligkeit sollte man anderes nicht vergleichen, die Maßstäbe verzerren sich sonst. Zu den Ereignissen jedoch, für die allgemeines Interesse angenommen werden sollte, gehört zweifellos die Königskrönung des Böhmenherzogs Wladislav 1158, für welche Regensburg der rechte Ort war; sie blieb aber fast ohne Echo in der deutschen Geschichtsschreibung. Neben den böhmischen Geschichtsschreibern berichtet nur Rahewin davon[15]. Die übrigen Fürstenversammlungen zu Regensburg erzeugten ein eigentümlich abgestuftes Echo, vom ersten Hoftag 1152 an, mit der Besitzergreifung Bayerns und der Huldigung der Großen, über welche nur Otto von Freising berichtet[16], bis zur Reichsversammlung von 1187, die mit ihrer Entscheidung im Prager Bischofsstreit, der Erklärung der Unabhängigkeit des Bischofs vom Böhmenkönig, viel Beachtung erfährt über Böhmen und Bayern

Quellen seiner Zeit, 1936. Die Zeugnisse werden nicht in chronologischer Ordnung bzw. nach ihrer gegenseitigen Abhängigkeit geboten, da es nicht auf den Quellenwert ankommt, sondern auf die Bekundung des Interesses. Erwähnt findet sich der Kreuzzug: Historia de expeditione Friderici, Quellen zur Geschichte des Kreuzzugs Kaiser Friedrichs I., hg. v. A. Chroust, SS rer. Germ. n. s. 5, 16 ff.; Annales Pegavienses et Bosovienses 266; Annales Lamberti Parvi 649 (hier wird irrtümlich die Zerstörung von Mauthausen auf Regensburg bezogen); Annales Mellicenses, Continuatio Zwetlensis altera 543; Annales Marbacenses 60; Gisleberti Chronicon Hanoniense 209; Chronicon Montis Sereni 161; ex Gestis Henrici II et Ricardi I, MGH SS XXVII 110 (hier fälschlich Ravinsburg); Monumenta Erphesfurtensia 195; ex Rogeri de Hoveden Chronica, MGH SS XXVII 149; ex Radulfi de Diceto Lundoniensis Decani Operibus Historicis, MGH SS XXVII 261, 278; Chronica Regia Coloniensis 141, 144; Cronica fratris Salimbene 9; Annales Stederburgenses 221; Annales Magdeburgenses 195; Historia Peregrinorum, SS rer. Germ. n. s. 5, 130; Chounradi Schirensis Annales 630; Annales Colonienses maximi 798; Alberti Milioli Notarii Regini Cronica Imperatorum, MGH SS XXXI 647; Cronica S. Petri Erfordensis moderna, MGH SS XXX/1, 376; Cronica Reinhardsbrunnensis 543; Arnoldi Chronica Slavorum, SS rer. Germ. 14, 1868, 128 f.; Annales Ratisponenses 590. Über den damit verbundenen Reichstag P. Schmid 132 ff.

14 Annales Pegavienses et Bosovienses 266 und Annales Reinhardsbrunnenses 543: „Ratisponam Bavarorum civitatem".

15 Rahewin, Gesta Friderici 164, 181 ff.; Vincentii et Gerlaci Annales 667 f.; Annales Gradicenses et Opatowicenses 653; Monachi Sazavensis Continuatio Cosmae 160 f.; vgl. P. Schmid 113 ff., dort die urkundlichen Zeugnisse.

16 Gesta Friderici 107; dazu H. Simonsfeld, Jahrbücher des deutschen Reiches unter Friedrich I., 1908, 99 f.; Ficker-Puntschart II/2 22; Th. Mayer, Königtum (Karte mit Königsumritt Barbarossas); Klewitz 60; P. Schmid 100 ff.; dort die urkundlichen Zeugnisse.

hinaus, auch wenn die Berichterstattung außerordentlich knapp ist[17]. Der bayerische Hoftag von 1153, bei dem es bereits um die Übergabe des Herzogtums an Heinrich d. Löwen ging, erscheint nur bei Otto von Freising[18], über die Versammlung von 1155, auf der dieselbe Frage vor den Fürsten des ganzen Reichs behandelt und Heinrich d. Löwen das Herzogtum erneut zugesprochen wurde, berichtet ebenfalls nur Otto, erwähnt wird der Tag auch in den Annales Isingrimi maiores[19]. Auch die Versammlung von 1170, die den Streit um die Konsekration des Regensburger Bischofs Konrad entscheiden sollte, wird nur bei Rahewin angekündigt und in der Admonter Fortsetzung der Melker Annalen berichtet[20]. Die Versammlung von 1174, welche mit der Absetzung des Erzbischofs Adalbert von Salzburg endete und welche dem wichtigsten Berichterstatter, Magnus von Reichersberg, als die glänzendste Versammlung erschien, die je in Bayern gehalten wurde, hatte vor allem Bedeutung für die Salzburger Kirchenprovinz, der Ausgang wurde bis Admont, Klosterneuburg und Zwettl, meist mißbilligend, vermerkt. Kaum zur Notiz nahm man dabei die Gesandtschaft des Basileus, der ein Ehebündnis mit dem Kaiser erstrebte[21]. Daß der Festaufenthalt des Kaisers 1183 nur wenig Beachtung fand[22], obwohl gleichzeitig Otto von Wittelsbach in Regensburg starb, wird weniger verwundern als die dürftige Berichterstattung über den Tag zu Regensburg am 24. Juni 1180, auf welchem durch die Fürsten Bayerns, fast alle Bischöfe und die bedeutendsten Grafen, die Absetzung Heinrichs d. Löwen bestätigt wurde[23]; nur Magnus von Reichersberg und der Annalist von Pegau bei Leipzig kennen

[17] Continuatio Gerlaci Abbatis Milovicensis 706; Vincentii Pragensis Annales 692 f.; Canonicorum Pragensium Continuationes Cosmae 166; Annales Ratisponenses 589; Chounradi Schirensis Annales 630; Chronica Regia Coloniensis 133 bzw. Annales Colonienses Maximi 792 (nur Osterfeier).

[18] Gesta Friderici 111.

[19] Ebd. 150 ff.; Annales Isingrimi maiores 314. Vgl. P. SCHMID 102 ff.

[20] SS rer. Germ. 46, 351; SS IX 584; dazu JANNER II 161.

[21] P. SCHMID 120 ff.; die Berichte: Chronicon Magni Presbyteri 498 f., der ausführlichste Bericht („curiam ... tam celeberrimam quod nulla memoria est unquam talem habitam in partibus Bawariae"); Chronica Regia Coloniensis 125 bzw. Annales Colonienses Maximi 787; Continuatio Claustroneoburgensis III 630; ebd. II, Cod. B, 616; Continuatio Admuntensis 585; Annales Mellicenses, Auctarium Lambacense 555; Annales Ratisponenses 589; Annales S. Rudberti Salisburgenses 777; Annales Mellicenses, Continuatio Zwetlensis altera 541.

[22] Annales Wernheri aliorumque Tegernseenses, MGH XXIV 58; Annales Augustani minores 9.

[23] P. SCHMID 123 ff.; dort die urkundlichen Zeugnisse. Die Berichte: Chronicon Magni Presbyteri 506 f.; Annales Pegavienses et Bosovienses 241, 263 (1180 VI 24); Ottonis de S. Blasio Chronica 36.

die Beschlüsse, Otto von St. Blasien erwähnt wenigstens die Regensburger Stufe im gesamten Vorgang von Achterklärung und Absetzung. Bei diesem Schweigen fast aller bayerischen Annalen zu dem wichtigsten Ereignis, das die herzogliche Würde betraf, darf man nicht erwarten, über die Versammlung der bayerischen Fürsten in Regensburg 1172, zu welcher Heinrich d. Löwe eingeladen hatte, bei den Regensburger oder Salzburger Geschichtsschreibern etwas zu erfahren, nur Arnold von Lübeck berichtet davon[24]. Es gibt kaum ein schlagenderes Beispiel für den Eindruck, welchen die Regierungszeit Heinrichs d. Löwen in Bayern hinterlassen hat, als die nahezu völlige Interesselosigkeit, mit welcher seiner Gestalt und seinem Wirken hier begegnet wird.

Friedrich Barbarossa dagegen hat, auch wenn die Aufmerksamkeit für einzelne Stationen verschieden groß ist, für sein Wirken in Bayern stets unterrichtete Zeugen. Die immer noch sehr enge Verbindung des Kaisers mit Regensburg brachte für die Stadt selbst, außer folgenschweren rechtlichen Wirkungen, auch bedeutsame Folgen für das Bild Regensburgs in der Geschichtsschreibung. Mit der weltgeschichtlichen Entscheidung von 1156 und dem Auszug des gewaltigen Kreuzheeres von 1189 ins Heilige Land wird die Bedeutung von Regensburg als Schauplatz der Geschichte noch einmal aufs eindrucksvollste dokumentiert. Die Krise der kaiserlichen Herrschaft jedoch nach dem Tode Barbarossas hatte auch Rückwirkungen auf die Stellung Heinrichs VI. in Regensburg; die kaiserliche Stadtherrschaft war, weniger de iure als de facto, schon seit 1190 gefährdet durch den Kampf um Regensburg[25] zwischen dem Bischof von Regensburg und dem Herzog von Bayern, dem Grafen von Bogen und seinen böhmischen Verbündeten, der einsetzte mit dem Aussterben der Burggrafen von Regensburg und sich steigerte, als auch das Erbe der Grafen von Sulzbach frei wurde, der Regensburger Domvögte. Noch einmal konnte Heinrich VI. seine Autorität behaupten, das kam zum Ausdruck durch die Versammlung der Fürsten des alten Reichssprengels Bayern zu Regensburg im Januar 1193, wo die erste Entscheidung gegen Böhmen und den Grafen von Bogen fiel und dem Kaiser außerdem Richard Löwenherz präsentiert wurde, der Schlüssel zur Zerschlagung der normannischen Opposition in Süditalien und der welfischen Opposition in Norddeutschland. Angesichts der allgemeinen Bedeutung des Ereignisses ist das geringe Echo[26] jedoch erstaunlich. Es be-

[24] Arnoldi Chronica Slavorum 12; Die Urkunden Heinrichs des Löwen, hg. v. K. Jordan, 1941, 142 f.

[25] Spindler II 23 f.

[26] P. Schmid 134 ff.; die Berichte: Chronicon Magni Presbyteri 520; Chounradi Schirensis Annales 631; Chronicon Ottenburanum 621; Continuatio Weingartensis Hugonis Chronici 479 (1192 Richard Löwenherz zum Kaiser nach Regensburg gebracht); Annales

schränkte sich völlig auf Süddeutschland und zwar auf zwei bayerische Stimmen, Magnus von Reichersberg und Konrad von Scheyern, auf Annalisten schwäbischer Klöster, Ottobeuren, Weingarten, St. Blasien, und auf die Fortsetzung der Melker Annalen in Kremsmünster. Für das seit 1156 in Österreich und in der Steiermark keineswegs erloschene Ansehen Regensburgs als Stätte der kaiserlichen Versammlungen bezeichnend ist die Nachricht in den Admonter Annalen von zwei Versammlungen in Regensburg, die in Wirklichkeit zu Würzburg und Nürnberg stattgefunden haben[27]. Insgesamt verengt sich also mit der wachsenden Schwäche der kaiserlichen Stellung im Reich auch der Raum, der für das gesamte Wirken des Kaisers noch Interesse zeigt, der jetzt beginnende Ausbau der fürstlichen Territorien regt die Geschichtsschreibung in weit höherem Maße an als das Geschehen im Reich. Das zeigt sich auch bei einer so faszinierenden Gestalt wie Friedrich II.

Heinrich VI. hatte noch nicht an einen Rückzug des Königs aus den entstehenden Territorien gedacht, doch legte seine Regierungszeit diesen Eindruck bereits nahe. Soweit er nicht in Italien weilte, residierte er zumeist in den rheinischen Städten, den alten salischen Zentren, oder in den neuen staufischen Pfalzen, zu Gelnhausen, Hagenau und Kaiserslautern[28]. In Bayern weilte er kaum, zweimal in Regensburg. Friedrich II. kam von 1213 bis 1237 fünfmal nach Regensburg, in den wenigen Jahren, die er in Deutschland verbrachte, weilte er meist zu Hagenau, zu Speyer und zu Nürnberg, in Worms und Ulm, zu Würzburg oder Frankfurt[29]. Bereits jetzt hatte Nürnberg die alte bayerische Hauptstadt als Zentrum der königlichen Regierung in den Schatten gestellt, selbst Eger sah den Kaiser so oft in seinen Mauern wie Regensburg. Nicht anders war es mit dem deutschen König Heinrich, dem unglücklichen Sohn Friedrichs II[30].

Dieser Rückgang der Bedeutung Regensburgs für das deutsche Königtum spiegelt sich auch in der Geschichtsschreibung der Zeit wider. Der große Huldigungsakt von 1213, der sich nach der Mehrzahl der Berichte unmittelbar an die Krönung zu Mainz anschloß und zu welchem in Regensburg die meisten Fürsten des ganzen deutschen Südostens zusammenkamen, einschließlich des Böhmenkönigs, wird nur zur Kenntnis genommen in den bayerischen Chroni-

Mellicenses, Continuatio Cremifanensis 548; Otto von St. Blasien, Chronica 58; berührt wird der Vorfall auch in der Historia Expeditionis Friderici 103.

27 Continuatio Admuntensis 588 f. (a. a. 1196 u. 1200).

28 Heusinger 159.

29 Die Zahlen nach Heusinger 159: Hagenau 22, Speyer 17, Nürnberg 15, Augsburg 12, Worms 10, Ulm 10, Würzburg 6, Frankfurt 6, Eger 5.

30 Ebd.

ken, zu Salzburg und Klosterneuburg, dann in einer zusammengehörigen Gruppe italienischer kaisertreuer Chronisten[31]. Noch kommen also die Fürsten im Umkreis des alten bayerischen Stammesherzogtums, wie bisher, immer wieder zu den vom Kaiser gesetzten Anlässen in die alte Herzogsstadt, aber zur gleichen Zeit zieht sich der Kaiser selbst schrittweise aus dieser seiner Hauptstadt in Bayern zurück. Mit den großen Privilegien für die Bürgerschaft von Regensburg 1207 und 1230 beginnt der Abbau der unmittelbaren kaiserlichen Stadtherrschaft, die zu behaupten freilich die Organe fehlten, der wesentlichste Anreiz zum Kampf um die Stadtherrschaft zwischen Bischof und Herzog. Dieser Kampf schien entschieden, als 1230 der Bischof kaiserlicher Kanzler wurde[32] und, besonders mit dem Privileg von 1230, der Herzog aus der Stadt verdrängt zu werden drohte[33], ferner führten die Spannungen zwischen Herzog Otto II. und König Heinrich schließlich 1233 dazu, daß der Herzog „propter indignationem regis et aliorum quorundam principum sibi non faventium" den bereits für Regensburg angesagten Landtag doch dort nicht mehr zu halten wagte[34]. Umso glänzender trat der Kaiser selbst noch einmal 1235 in Regensburg in Erscheinung, in jenem überwältigenden Zug, den die Ebersbacher Fortsetzung des Gottfried von Viterbo so eindrucksvoll beschreibt[35]. Doch daß dieser Zug auch Regensburg berührte, daß hier eine Fürstenversammlung dem Kaiser den Treueschwur erneuerte und die Versöhnung zwischen dem Kaiser und Herzog Otto II. stattfand, berichten sonst nur noch zwei Quellen, ein kaisertreuer Italiener und der Schäftlarner Annalist[36]. Daß schließlich Friedrich II. 1237 bei seiner Rückkehr aus Österreich auch Regensburg berührte, erfahren wir nur aus der Kölner Chronik[37]. Das lag nicht weniger am Versiegen der Reichsgeschichtsschreibung in Deutschland als auch besonders am Rückgang des Interesses für Kaiser und Reich im deutschen Südosten. Für die Stel-

[31] P. Schmid 137 f.; die Berichte: Chounradi Schirensis Annales 632: „in qua principes fidelitatem praedicto Friderico et hominium iuraverunt"; Chronicon Magni Presbyteri 526 (nach der Salbung sofort Zug nach Regensburg); Annales S. Rudberti Salisburgensis 780; Cronica fratris Salimbene 28 bzw. Alberti Milioli notarii Regini Cronica Imperatorum 656 bzw. die ebenfalls gleichlautende Stelle Siccardi Episcopi Cremonensis Cronica 180; Continuatio Claustro-Neoburgensis II/III 622 u. 635.

[32] Die Annales S. Rudberti Salisburgenses 784 nehmen davon Kenntnis.

[33] Zu dem gesamten Komplex s. K. O. Ambronn, Verwaltung, Kanzlei und Urkundenwesen der Reichsstadt Regensburg im 13. Jahrhundert, 1968; Spindler III 1424 ff.

[34] Annales S. Rudberti Salisburgenses 785; ihnen folgend Hermann von Niederalteich, Annales 392.

[35] S. S. 114.

[36] P. Schmid 138 f.; Annales Scheftlarienses maiores 340; Annales Placentini Ghibellini, SS XVIII 471.

[37] Chronica Regia Coloniensis 270.

lung Regensburgs in der deutschen Geschichte von Bedeutung war aber nicht nur die kaiserliche Gegenwart selbst, sondern auch das damit verbundene Ansehen. Schwer abschätzbar ist vollends der Schaden, den dieses bereits deutlich sinkende Ansehen Regensburgs davontrug, als in seinen Mauern 1251 durch Ministerialen des Bischofs ein beinahe geglückter Mordanschlag auf König Konrad IV. verübt wurde, der noch ein letztes Mal die hochmittelalterliche Tradition aufnahm und sich zum Beginn seiner Herrschaft im Reich auch in Regensburg zeigte. Das Entsetzen über diesen Vorgang war jedoch nicht so allgemein, daß das Echo über Bayern und Österreich hinausgedrungen wäre [38].

Konrad IV. konnte wohl am Kloster St. Emmeram Rache nehmen und die Pfalz zerstören, den Bischof, den Urheber des Anschlages, vermochte er jedoch nicht zur Rechenschaft zu ziehen, seine Macht, nicht nur in Regensburg, reichte dazu schon nicht mehr aus. Die Stadt gehörte um diese Zeit aber auch nicht mehr dem Bischof; die Privilegien des frühen 13. Jahrhunderts, die Stadt und Bischof noch einig gesehen hatten, hatten schließlich mit dem großen Freiheitsbrief von 1245 [39] auch den Bischof aus der führenden Rolle verdrängt, die Verhaftung der vornehmsten Regensburger Bürger durch die Leute des Bischofs Albert 1250 [40], der Anschlag auf den König, der zusammen mit Herzog Otto II. herbeigeeilt war, um Sühne zu fordern, waren letzte verzweifelte Schritte gewesen, die langjährige Politik der Bürgerschaft, unter Benützung des Gegenspiels von Kaiser, Herzog und Bischof durch ständiges Lavieren jede Herrschaft abzuschütteln, war geglückt.

Auch die Präsenz des Bayernherzogs in Regensburg trat nur noch gelegentlich in Erscheinung, auch wenn er nach seinem Friedensschluß mit den Staufern zur Stütze der königlichen Partei in Süddeutschland geworden war und selbst wieder mit der Hilfe des Königs rechnen konnte. Nur noch die heimische Geschichtsschreibung berichtet darüber, über den herzoglichen Landtag von 1244, den auch der Erzbischof von Salzburg aufsuchte [41], oder über die Teilung des Herzogtums unter die beiden Söhne Ottos 1255, die in Regensburg erfolgte [42]

[38] Hermann von Niederalteich 395; Annales Montis S. Georgii, SS XXX/1 722; Annales Admontenses, Continuatio Garstensis 599; Annales S. Rudberti Salisburgenses 791; Annales Bawarici et Austriaci breves, SS XXX/1, 3; Ex Chronico Pontificum et Imperatorum Ratisponensi, SS XXIV 286; vgl. Janner II 438—442; siehe auch die Zusammenstellung bei Piendl, Fontes 56 f.; vgl. auch Piendl, Pfalz 99 f.

[39] Th. Ried, Codex chronologico-diplomaticus Episcopatus Ratisbonensis I, 1816, n. 423.

[40] Annales Osterhovenses, SS XVII 545.

[41] Annales S. Rudberti Salisburgenses 788.

[42] Annales Bawarici et Austriaci breves 3; Hermann von Niederalteich, Annales 397 (ohne Lokalisierung).

und wohl die entscheidende Voraussetzung dafür war, daß die Stadt Regensburg die neu gewonnene Freiheit auch behaupten konnte und nicht, wie das 1237 zur Reichsstadt gewordene und aus dem Verband des Herzogtums ausgeschiedene Wien, wieder verlor[43]. Die Zukunft gehörte den Fürsten, doch die zweite Hälfte des 13. Jahrhunderts brachte noch eine letzte Entfaltung wirtschaftlicher Macht und künstlerischer Repräsentation für Regensburg; das mittelalterliche Antlitz Regensburgs ist hauptsächlich geprägt von den Bauten jener Epoche, die auf die Abschüttelung der herzoglichen, bischöflichen und kaiserlichen Stadtherrschaft folgte. Regensburg stand trotzdem bereits nicht mehr in der Mitte der Geschichte, auch wenn Rudolf von Habsburg noch 1273 die staufische Tradition weiterführte und die Huldigung der Stadt Regensburg entgegennahm[44] — offenbar nicht mehr die Huldigung der terra Bavarica — und 1276 hier die Huldigung des von seinen Verbündeten getrennten Herzogs Heinrich von Niederbayern empfing und ihn mit seinem Herzogtum belehnte[45]. 1281 schließlich hielt er in Regensburg auch einen glanzvollen Reichstag, der mit der Verkündigung eines dreijährigen Landfriedens für Bayern schloß[46]. Schon der nächste Reichstag, der letzte Regensburger Reichstag, der noch ganz der mittelalterlichen Welt zugehört, richtete sich zum Teil unmittelbar gegen die Interessen der Stadt selbst, die zwar um diese Zeit noch reicher war als die Herzöge von Bayern[47], sich aber trotzdem 1284 bereits gezwungen sah, für den begonnenen kostspieligen Mauerbau auch den Klerus in der Stadt zu besteuern. Um seine Entscheidung angegangen, stellte Adolf von Nassau auf der Regensburger Fürstenversammlung von 1295[48], der zur Hauptabsicht wohl die Ver-

[43] Vgl. Koller 26.

[44] Hermanni Altahensis Continuatio tertia 54: „Eodem anno Rudolphus comes de Habspurg in regem eligitur. Qui a Reno usque ad nemus expugnavit omnia castella potenter, oppida et civitates pertinencia ad regnum Romanorum. Postmodum descendens Ratisponam et ibi a domino Leone episcopo cum omni clericatu ymnis et canticis et sanctuariis exeuntibus, cum populo infinito sequentibus, gloriosissime est susceptus".

[45] Continuatio Praedicatorum Vindobonensium 729; Continuatio Vindobonensis 707; vgl. Spindler II 88 f., 93 f.; Angermeier 66.

[46] Angermeier 64; Spindler II 92; P. Schmid 140 f.; die Berichte: Annales Zwetlenses brevissimi 63; Continuatio Claustroneoburgensis VI 746 (a. a. 1281).

[47] Hermanni Altahensis Continuatio tertia 55: „quia tunc temporis erant duces Bavarie obligati Ratispon. pro 50 000 talentis"; vgl. aber Heinrich Taube von Selbach, Chronica Imperatorum et Pontificum 2, wo 5000 genannt werden. Ein Vergleich mit der hohen Summe, die der Stadt 1339 als Buße auferlegt wurde, legt allerdings die Annahme nahe, daß der Kaiser Ludwig damals eben die herzoglichen Schulden annullierte (s. Anm. 57).

[48] Hermanni Altahensis Annales, Continuatio Ratisponensis 417, identisch mit Eberhardi Archidiaconi Ratisponensis Annales 596 bzw. Annales S. Rudberti Salisburgenses,

stärkung des 1294 geschlossenen Bündnisses mit Niederbayern und Salzburg hatte[49], den reichsrechtlich geschützten privilegierten Zustand des Klerus wieder her.

Schon unter Rudolf von Habsburg hat sich das Verhältnis der Reichsstadt Regensburg zum Kaiser völlig gewandelt, die letzten Spuren der unmittelbaren kaiserlichen Stadtherrschaft, wie sie seit Heinrich II. bestand, waren beseitigt, die Abhängigkeit der Stadt vom Kaiser war jene allgemeine, in welcher sich alle Reichsstände befanden, abgestuft nach Macht und Bedeutung. Die bewegliche Regierungstätigkeit Friedrich Barbarossas war nur möglich gewesen, weil an allen Pfalzorten, in allen Bischofsstädten Reichsgut und Reichskirchengut zum Unterhalt des Königs und seines Gefolges vorhanden war. In den Thronkämpfen schwand das Reichsgut dahin, die späte Stauferzeit brachte den Abschluß der Emanzipation der Reichskirche; aber auch die Umwandlung der Gastungspflicht der Städte in Geldzahlungen, die Rudolf von Habsburg abschloß[50], verminderte das Bedürfnis der Könige nach Beherbergung für sich und ihr Gefolge. Mit Ludwig IV., dem Bayern, kommt dann auch in Deutschland der Übergang zur festen Residenz, München wird als Residenzanlage vorbildlich für Wien und Prag[51].

So waren seit Konrad IV. schon Kaiser und Könige, wie auch die bayerischen Herzöge, nur noch Gäste in Regensburg. Die Gegenwart des Königs diente der Stadt nicht mehr zur Erhöhung, da es nicht mehr seine Stadt ist und teil hat am Glanz des Königtums. Sie belastet freilich auch nicht mehr, wie in jenen Zeiten — Regensburg erscheint nicht im Eingangsverzeichnis Friedrichs II. oder in der Ausschreibung der Städtesteuern durch Rudolf I. Jetzt wird die Nähe des Königs allerdings nicht selten zur militärischen Bedrohung, oder die Stadt wird benutzt als militärischer Rückhalt. 1319 wird die Anwesenheit Ludwigs d. Bayern in Regensburg erwähnt[52], der sich auf den Brückenkopf an der Donau

Continuatio Weichardi de Polhaim 813; Hermanni Altahensis Continuatio tertia 55, identisch mit Heinrich Taube von Selbach 2.

49 S. Spindler II 107. Zur Belehnung des Abtes von St. Emmeram mit den Regalien bei dem gleichen Anlaß s. W. Ziegler, Das Benediktinerkloster St. Emmeram zu Regensburg in der Reformationszeit (Thurn und Taxis Studien 6) 1970, 141.

50 Heusinger 140 ff.; Bergers 12 f.; Peyer, Reisekönigtum 5; Brühl, Fodrum 145, 197. Zur Inanspruchnahme der Städte s. Zeumer, Städtesteuern 34 ff.; J. Schwalm, Ein unbekanntes Eingangsverzeichnis von Steuern der königlichen Städte aus der Zeit Kaiser Friedrichs II. (NA 23) 1898, 517–553; K. Zeumer, Zur Geschichte der Reichssteuern im früheren Mittelalter (HZ 81) 1898, 24–45; O. Redlich, Rudolf von Habsburg, 1903, 487 ff., 491.

51 Koller 32.

52 Chronica de ducibus Bavariae 155 f.; Chronica de gestis principum 89 (Verweigerung des Durchzugs durch die Bürger); Johannes von Viktring, Liber certarum historiarum 115.

zurückzieht, um sich seine Bewegungsfreiheit zu erhalten, 1337 versucht der Kaiser im Zusammenhang mit dem Kampf um Kärnten und Tirol gegen Böhmen und Heinrich von Niederbayern und mit den Bestrebungen der Auer in Regensburg selbst vergebens, durch Untergrabung der Stadtmauer in Regensburg Eingang zu finden[53]. Nur der Chronist der bayerischen Herzöge notiert noch alle großen Vorgänge in der einstigen Metropole Bayerns, die übrigen bayerischen Chroniken der Epoche erwähnen sie kaum[54], die große Reichsgeschichtsschreibung der Zeit verliert Regensburg fast aus dem Auge. Johann von Viktring und Matthias von Neuenburg[55] nennen die Stadt einmal, Heinrich Taube von Selbach, trotz der räumlichen Nähe, berührt nur das Gespräch von 1331 zu Regensburg zwischen dem Kaiser und Johann von Böhmen[56], im übrigen gilt sein Interesse an Regensburg nur den kirchlichen Vorgängen, nur Johann von Winterthur beschäftigt sich eingehend mit Regensburg; er behandelt vor allem die Spannungen zwischen Kaiser und Stadt, die Buße von 30 000 oder 40 000 Mark Silber 1339 „propter rebellionem" und die Auer-Unruhen von 1343, die er als Aktion gegen den Kaiser deutet[57]. Er erinnert dabei auch an die besondere Würde der Stadt, weist aber auch gleichzeitig auf ihre besondere Verpflichtung gegenüber dem Kaiser und dem Herzog von Bayern hin, wenn er sagt: „civitas imperialis Ratispona, metropolis Bawarie".

Auch Ludwig d. Bayer, der sich 1334 einmal in vollem Schmucke der kaiserlichen Insignien vor dem Portal von St. Emmeram zeigte[58], hat offenbar sein Verhältnis zu Regensburg nicht nur als ein rein machtpolitisches betrachtet, unabhängig von Fragen der Tradition und des Rechts. Auch für Karl IV. bedeutete Regensburg mehr als eine beliebige befestigte Stadt an einem wichtigen Donauübergang; als er sich 1347 Regensburgs bemächtigte, geschah es, um hier, der wichtigsten Stadt im Süden Deutschlands, die Anerkennung als König zu empfangen[59]. So deuten es die beiden großen Chronisten der Zeit, Heinrich

[53] Chronica de ducibus Bavariae 166; Annales Ensdorfenses 7; [Hieronymus STREITEL], Anonymi Ratisbonensis Farrago historica, OEFELE II 507; Zum Zusammenhang s. SPINDLER II 172 f.; der Vorgang GEMEINER II 9 f.

[54] Chronica de gestis principum 89; Chronica Ludowici IV. 128 erwähnt nur, daß Ludwig Friedrich d. Schönen nach Regensburg gebracht habe.

[55] S. Anm. 59 u. S. 90 Anm. 1.

[56] SS rer. Germ. NS I, 44.

[57] SS rer. Germ. NS III, 173, 213; vgl. auch BÖHMER, Reg. Ludwig n. 2041; RIEZLER II 459 f., GEMEINER II 35 ff. (der wohl das Verhältnis der Stadt zum Kaiser zu sehr harmonisiert, vgl. ebd. 33 f.); zu den bayerischen Schulden s. Anm. 47.

[58] [Hieronymus STREITEL], bei OEFELE II 507.

[59] Heinrich Taube von Selbach 89: „Et ascendens iuxta aquam Danubii a civitate Ratisponensi ut rex est susceptus". Matthias von Neuenburg 237 bzw. 409: „Et veniens

Taube und Matthias von Neuenburg, so empfinden den Vorgang noch Aventin[60] und der Geschichtsschreiber Regensburgs, Karl Theodor Gemeiner[61].

Diese einst so großartige Rolle Regensburgs als Stadt der Kaiser, die seit einem Jahrhundert mehr und mehr verblaßt, wird auch in Regensburg selbst noch immer festgehalten; die Regensburger Notizen aus der ersten Hälfte des 14. Jahrhunderts verschweigen uns nahezu alles, was zur großen Geschichte gehört, doch die große Szene von 1334, bei welcher Regensburg im Glanz der kaiserlichen Insignien erscheint, wird breit ausgemalt[62]. Auch auf den Besitz herrlicher und wundermächtiger Heiligtümer gründet sich das Selbstbewußtsein des gleichen Chronisten[63]. In der Regensburger Fortsetzung der Annalen Hermanns von Niederalteich, die, zusammen mit der Weiterführung durch den Archidiakon Eberhard[64], kaum geringere Bedeutung für die Formung des Regensburger Selbstverständnisses besaß, als die Chronik Hermanns für Bayern, erscheinen als Grundlage dafür andere Kriterien. Erwähnt werden der großartige Dombau, der geradezu eine Überwindung der Materie bedeute, die Stadtmauer von 1284, die Zurückleitung der plötzlich nach Norden ausgebogenen Donau in ihr altes Bett 1304, aber auch die tolerante Haltung der Bürger gegenüber den Juden 1298, als sie sonst überall verfolgt wurden. Der Stolz der Stadt, wie der enthusiastische Nachruf zu 1296 zeigt, gründet sich aber nicht weniger auf die große Bischofspersönlichkeit Heinrichs von Rotteneck, des Erbauers des Domes, der 29 Jahre regierte, und obwohl der Regensburger Kleriker in der Frage der Besteuerung des Regensburger Klerus 1284 sehr nachdrücklich auf die hergebrachte und von Gott und den römischen Kaisern der Kirche gewährte Freiheit hinweist, zeigt er gleichzeitig Genugtuung darüber, daß anders als Passau die königliche Stadt Regensburg nicht nach den Weisungen des Bischofs regiert werde, sondern durch eigene Beamte der Bürgerschaft. Dieses neue Bild, das des gegenwärtigen, lebensvollen und selbstbewußten Regensburg, war so eindrucksvoll, daß es Weichard von Polhaim, der Salzburger

in terram ipsius Ludowici Bavariam, intellecta morte principis Ratisponam perrexit, ubi tamquam rex Romanus ilico est receptus". Vgl. auch Heinrich von Dießenhoven, Fontes rerum Germanicarum IV, hg. v. A. Huber, 1868, 61: „petens ut sibi fidelitatem tanquam Romanorum regi facerent. Quod et fecerunt". Von einem ehrenvollen Empfang berichtet auch die Chronica de ducibus Bavariae 170, die Annales Matseenses 829 erwähnen nur den Anmarsch Karls, nicht aber den Empfang.

60 SW III 463; V 504.

61 Regensburgische Chronik II 48 f., dort urkundliche Quellen.

62 S. Anm. 58.

63 Oefele II 500.

64 Hermanni Altahensis Annales, Continuatio Ratisbonensis, SS XVII 417–419; Eberhardi archidiaconi Ratisbonensis Annales, SS XVII 591–600; Abdruck Anhang nrr. 18/19.

Domherr und spätere Erzbischof, in seine Fortführungen der Annales S. Rudberti Salisburgenses wörtlich übernahm[65].

Mit dem Stolz auf die Leistung der Gegenwart und mit der Begründung der Regensburger Ausnahmestellung auf die jüngst errungene Stadtfreiheit kommt ein neuer Ton in die Regensburger Geschichtsschreibung; selbst in der Salierzeit war die Bedeutung der Stadt mit der vergangenen Größe, mit seiner Stellung unter Kaiser Arnulf begründet worden. Berühmt war Regensburg wohl auch jetzt noch. „Ad famosam civitatem Ratisponam" konnte man in Thüringer Geschichtswerken lesen[66], doch es ist die einstige Bedeutung Regensburgs, die man noch kennt; das ist auch gemeint, wenn noch vereinzelte Chronisten im 14. Jahrhundert auf den Charakter Regensburgs als Hauptstadt Bayerns hinweisen[67]. Worauf der Archidiakon Eberhard baute, die Rührigkeit der Bewohner oder auch die Gunst der Lage und Größe und wirtschaftliche Bedeutung, verleihen einer Stadt nur gewöhnlichen Ruhm; als gegen Ende des 13. Jahrhunderts ein Regensburger Schottenmönch den alten Anspruch der Stadt auf einzigartige Erwähltheit unter den Städten des Reiches wieder aufnahm, konnte er nur auf den fernen Glanz und die Würde einer großen Vergangenheit zurückgreifen.

Die Regensburger Schottenlegende, wie man sie heute nennt, wurde vielleicht durch eine im Umkreis Karls von Anjou entstandene und auf ihn bezogene Karlslegende angeregt, aber auch starke heimische Überlieferungsströme wirkten ein, die vom Rolandslied wie von der Kaiserchronik ausgingen[68]. Sie gibt sich aber nicht als Epos noch als Legende, sondern in der Form von „Gesta Caroli Magni" [69], als Geschichtswerk also. Sie ist die Geschichte des Heidenbekehrers Karl, im Mittelpunkt steht also die Gestalt des Kaisers, die Stadt selbst ist scheinbar ohne jede eigene Bedeutung. Dem Ver-

[65] SS IX 813–817.

[66] Cronica S. Petri Erfordensis moderna 403 (a. a. 1266) bzw. die gleichlautenden Stellen in der Cronica Reinhardsbrunnensis 625 und Monumenta Erphesfurtensia 257; ebd. 460 bzw. 375 wird die Gewalt der Überschwemmung 1342 damit besonders illustriert, daß gemeldet wird, die Brücke von Regensburg sei zerstört worden.

[67] Cronica Reinhardsbrunnensis 543 (a. a. 1188): „Ratisponam Bavarorum civitatem"; Annales Pegavienses et Bosovienses 266: „Radisponam Bauwarie civitatem". Johann von Winterthur (s. o. Anm. 57), der als einziger noch das Wort „metropolis" benutzt, hat zwar, wie „civitas imperalis" beweist, die gegenwärtige Rechtsstellung im Auge, aber in historisierender Interpretation; auch „metropolis" weist in die Vergangenheit.

[68] Vgl. die Einleitung des Herausgebers, vgl. auch Folz 161, 239, 242 ff. Von Karl d. Gr. handeln in der Kaiserchronik die Verse 14 307–15 091.

[69] Die Gesta Caroli Magni der Regensburger Schottenlegende, hg. von A. Dürrwaechter 1897. Zur Interpretation vgl. auch Folz 302 ff., 356 ff.

fasser geht es aber in Wirklichkeit darum, mit der reich bewegten, farbigen und abenteuerreichen Erzählung die Gründung des Regensburger Schottenklosters um Jahrhunderte vorzuverlegen und auf Karl d. Gr. zurückzuführen, der nach dem Sieg über die Heiden bei Regensburg auf dem Siegesberg für Marian und seine Gefährten die Kirche S. Petri Consecrati gründet und Bayern zum Christentum bekehrt. Wie aber einst St. Emmeram mit der Dionysius-Legende nicht nur das eigene Kloster erhöht hatte, sondern mit diesem auch die Stadt Regensburg an dem Anspruch beteiligt hatte, der mit dem Besitz des Leibes des Dionysius Areopagita verbunden war, so strömt auch jetzt der volle Glanz kaiserlicher Auserwählung auch auf Regensburg über, „civitatem seu urbem preclaram“ [70]. Um einer solchen Auserwählung würdig zu sein, bedarf die Stadt auch ihrer eigenen Bedeutung, die in der Einleitung folgendermaßen umrissen wird: „Ratispona est civitas antiqua, antiquitus nominata Civitas Quadratorum Lapidum, quia munita fuit de quadratis lapidibus magnis et politis undique, ut apparet hodie in eiusdem muri parietibus, habundans gloria et diviciis, in pompa vestium et robustorum murorum fortitudine, auri et argenti habundancia“ [71]. Diese Stadt, welche bis zur Zeit Karls d. Gr. von Heiden bewohnt war [72], benannte nun der Sieger neu; sie heißt nicht mehr „Civitas Quadratorum Lapidum“, sondern Ratispona, „quia per rates bonas transivimus Danubium in civitatem“ [73] — der Autor kennt also den Bericht in den Annales regni Francorum oder den Annales Fuldenses zu 792, wie er auch von dem großen Reichstag Karls d. Gr. zu Regensburg berichtet, dem größten, wie er sagt, der je stattfand [74]. Wie in der Emmeramer Dionysius-Legende wird der jetzt festgestellte besondere Charakter Regensburgs auch durch einen neuen Namen bekräftigt, der jetzt allerdings nicht mehr, wie in dem jüngeren Translationsbericht, dem Walten des hl. Emmeram verdankt wird, sondern dem großen Kaiser. Die Vorlagen für dieses Bild der Stadt sind also deutlich auszumachen, die Schilderung Arbeos in der Vita Haimhrammi und ihre Verwendung bei Meginfried wie die darauf aufbauende Tradition von St. Emmeram. Der hier zum Ausdruck gebrachte Anspruch auf die Stellung eines zweiten Athen oder Paris für Regensburg war jedoch für die Schotten von St. Jakob nicht wiederholbar, es fehlte die Möglichkeit einer Begründung wie durch den Besitz des Dionysiusleibes; die Stellung eines Vororts von ganz Deutschland konnte in einer Karlserzählung nicht für Regensburg geltend gemacht werden — nur

70 Ebd. 146.
71 Ebd. 146 f.
72 Ebd. 147.
73 Ebd. 181.
74 S. S. 50 Anm. 78.

Aachen hatte Anspruch auf diesen Rang, das arbeitet die Schotten-Legende auch mit allem Nachdruck heraus [75]. Die Würde einer Metropolis Bavariae aber oder „Civitas Bavariae", wie es in der Einleitung heißt, schien für eine Stadt, die vom größten Kaiser so ausgezeichnet worden war, nicht genug. So fügt der Verfasser Regensburg in einen hier bisher nie gekannten noch berührten Zusammenhang ein, wenn er die Gesta Caroli Magni beginnt: „Ex antiquis temporibus quattuor principales civitates esse videntur, quae subgaudent privilegio unius libertatis ac iuris unius, quae nulli homini servierunt vel subsunt, preterquam apostolice autoritati ac imperiali maiestati, quarum prima est Roma, alia Treveris, tercia Colonia ac Ratispona que quarta" [76].

Hier steht Regensburg erstmals in der Reihe der großen abendländischen Kaiserstädte, deren Kennzeichen, obwohl ihnen auch die römische Gründung gemeinsam wäre, die städtische Freiheit und Unabhängigkeit ist, ein Gedanke, der nicht aus der Regensburger historiographischen Tradition stammen kann, da die Regensburger Fortsetzung der Annalen Hermanns von Niederalteich erst nach der Schotten-Legende entstanden sind. In anderen Geschichtswerken der Zeit wird aber die Begabung Regensburgs mit dem Recht der Selbstverwaltung und der Freiheit von fürstlicher Stadtherrschaft überhaupt nicht zur Kenntnis genommen. Umso größer scheint, auch wenn andere Zeugnisse als das Eberhards und der Schotten-Legende dafür fehlen, der Stolz der Bewohner Regensburgs selbst gewesen zu sein; die völlige Umwandlung der benutzten Vorlage bedurfte sehr starker Antriebe. Zugrunde liegt, worauf schon Dürrwaechter hingewiesen hat, der Einleitung der Schotten-Legende das Preisgedicht Gottfrieds von Viterbo „De quatuor principalibus sedibus imperii Romani" [77], aufgenommen in der Schrift „De Imperio Romano" (vor 1280) des Jordanus von Osnabrück [78] wie bei Alexander von Roes (1281) [79]; hier wie dort wird als erste Stadt Aachen genannt, welcher Arles, Mailand und Rom folgen. Die Vierzahl ist dabei von besonderer heilsgeschichtlicher Bedeutung, es gibt vier Propheten, vier Evangelisten, vier Kardinaltugenden und vier Weltreiche, vier Weltgegenden und vier Jahreszeiten. In Zusammenhang mit der Frage von Recht und Verfassung tritt die Vierzahl etwa um 1300 in der sog.

[75] Besonders S. 215 f.

[76] Ebd. 145, dort Hinweis Dürrwaechters auf die Quaternionentheorie Gottfrieds von Viterbo.

[77] SS XXII 221 f.; vgl. dazu Meuthen, Geschichtsschreibung 377 f.

[78] Hg. von G. Waitz, Des Jordanus von Osnabrück Buch über das Römische Reich (Abh. d. Gött. Ges. d. Wiss. 14) 1868, 71.

[79] H. Grundmann - H. Heimpel, Die Schriften des Alexander von Roes (Memoriale de prerogativa Imperii Romani), 1949, 48.

Quaternionentheorie[80], in Vierergruppen gliedert sich die Ständeordnung des Reiches, angefangen bei den vier Herzögen; auch hier ist das römische Reich das wichtigste Element, dazu tritt in der frühesten nachweisbaren Gestalt als Kennzeichen der Zugehörigkeit zu einem der auserwählten Stände die Freiheit[81]. Ob der Regensburger Mönch vom Sachsen- und Schwabenspiegel wußte, ob er ein unbekanntes Zwischenglied kannte zwischen diesen Rechtsbüchern und der sehr spät erst voll ausgebildeten Quaternionentheorie, in welcher nur noch je vier Glieder aller Stände einer ideellen Repräsentation der Ganzheit des Reiches zugeordnet werden, oder ob er selbst die städtische Freiheit jener der Adeligen gleichsetzte, muß offen bleiben. Er hat jedenfalls die Legende vollendet, die von St. Emmeram ausging und Regensburg einreihte in die europäischen Stätten von heilsgeschichtlich bedeutsamem Rang.

Das ist auch, trotz der einleitenden verfassungsrechtlichen Einordnung Regensburgs, in der Schotten-Legende deutlich; die Auserwählung Regensburgs geschieht in einem heilsgeschichtlichen Vorgang, der vorausgeht; Karl d. Gr. wird durch eine Vision aufgefordert, Regensburg zu retten, und es sind die Bekehrungsgeschichte wie die Gründung der beiden Schottenklöster Weih St. Peter und St. Jakob, die den Hauptteil der Legende einnehmen. Hinzu kommt freilich jetzt, zusätzlich zu jener bereits in der Dionysius-Legende konstitutiv wirksamen Gegenwart des Kaisers in Regensburg, die Libertas, die man in Regensburg nie als Zuordnung zu den gewöhnlichen Reichsstädten empfand, sondern als Erhöhung über alle anderen Städte, und die noch Gemeiner zurückführte bis in die Anfänge des römischen Reiches[82].

[80] E. E. Stengel, Die Quaternionen der deutschen Reichsverfassung. Ihr Ursprung und ihre ursprüngliche Bedeutung (Abhandlungen und Untersuchungen zur mittelalterlichen Geschichte) 1960, 174–179.

[81] Ebd. 177.

[82] K. Th. Gemeiner, Über Regensburg und die übrigen Freistädte, 1817.

6. Kapitel

Das Fortleben der Legende

Bis zum Ende des alten Reiches, bis zum großen Geschichtswerk des Regensburger Stadtsyndikus Karl Theodor Gemeiner (1800—1824) haben sich viele Bestandteile der Schottenlegende wieder verflüchtigt, das Bewußtsein dagegen besonderer Erwählung ist geblieben. Es ist nicht unmittelbar in der vollen Intensität der Schottenlegende weitergegeben worden, auch haben andere Einflüsse zunächst stärker gewirkt. Johann von Viktring [1] etwa nahm wörtlich den Satz des Augustodunensis wieder auf, der bei ihm freilich nicht mehr, da an den Schluß eines vielfach variierten Prooemiums gesetzt, den monumentalen Eindruck hinterläßt wie in „Imago mundi". Nur einen Bestandteil aus der Schottenlegende übernahm der Regensburger Domherr Konrad von Megenberg in seiner Schrift „De limitibus parochiarum civitatis Ratisbonensis" [2], die 1373 abgeschlossen war. Seiner Thematik entsprechend konnte er keine Geschichte Karls d. Gr. und seiner Stadt Regensburg geben, auch Kaiser Arnulf war nicht zu behandeln, doch die Stadt selbst, als Ort, an welchem die Heilsordnung verwirklicht werden muß, bedurfte der Kennzeichnung. Auch für Konrad von Megenberg war Regensburg in erster Linie die antike Kaiserstadt und der Ort, an dem von Karl dem Großen an Kaiser und Könige im Glanz ihrer Majestät Gesetze gaben und das Gemeinwesen ordneten [3]. Diese Charakterisierung erfolgte mit Hilfe der überlieferten Namen Regensburgs, die bei Konrad erstmals in der providentiell bedeutsamen Siebenzahl [4] auftreten: „Tyberina", von der Gründung des Tiberius, „Quadrata", nach den Quadersteinen der Stadtmauer oder wegen ihres quadratischen Grundrisses, „Germanisheim", weil die Stadt vorwiegend von den Germanen aufgesucht wurde,

[1] Liber certarum historiarum 242: „In hac est Noricus qui et Bawaria. In qua est civitas Ratispona"; ebd. 241 wird Honorius zitiert. Vgl. dazu S. 46.

[2] Hg. v. Ph. Schneider, 1906.

[3] Ebd. 93: „Quia reges et principes Romani a tempore Karoli magni quousque post tempora Friderici secundi celebrabant ibi sue regie et imperatorie maiestatis sollempnitates condendo leges et rei publicae commoda, necessitates et utilitates".

[4] Dazu Schneider 35. Zur Bedeutung der Siebenzahl bei den Symbolisten s. Meuthen, Gerhoh 223; vgl. auch die Siebenzahlgedichte, darunter das des Priesters Arnold, um 1130 (dazu H. Fischer, bei Spindler I 525).

„Hyatospolis", wegen der ungeschliffenen Sprechweise ihrer Bewohner, die bei der Wortbildung den Mund weit öffnen wie beim Gähnen, „Ymbripolis", vom Fluß Regen, lateinisch Imber, „Ratispona" nach der Schiffsbrücke Karls des Großen, oder weil Regensburg „rate posita est", d. h. fest gebaut, schließlich „Reginopolis", als Stadt der Könige und Kaiser[5].

Konrad von Megenberg ist hier zwar in der Auswahl wie in der Etymologie sehr selbständig verfahren, aber er hat nichts vorgetragen, was er nicht bereits andernorts vorfand, in der Schottenlegende, bei Arnold von St. Emmeram, in den Annales Ratisponenses, aus dem Prüller Kodex (Clm 536) und vor allem aus dem jüngeren Translationsbericht oder seiner Vorlage, dem gefälschten Leo-Privileg von 798. Statt den Annales Ratisponenses kommt als Vermittlung des von Tiberius abgeleiteten Namens bei Konrad das Breve Chronicon Ratisponense in Betracht, das nach 1343 entstand[6]. Die Aufzeichnungen von Kremsmünster mit ihrer Reihe von sechs Namen haben auf Konrad nicht eingewirkt[7]. Auch die Zeugnisse für den einzigartigen Rang, d. h. das hohe Alter der Kaiserstadt Regensburg, entnahm er der Regensburger Tradition, die Gründung durch Tiberius, die er allerdings ohne Anhalt in den Werken seiner Vorgänger in das Jahr 33 verlegte, „quo anno Dominus noster Jesus Christus passus est", und die Zurückführung des Regensburger Bischofsstuhls bis in die Römerzeit durch die Identifizierung des Bischofs von Tiburnia Paulinus in der Vita Severini mit dem ersten Regensburger Bischof[8]. Weitergewirkt hat aber diese Tradition vor allem durch ihn.

Die Schottenlegende und die Zusammenfassung der älteren Regensburger Tradition bei Konrad von Megenberg beherrschten, auch wenn in Einzelheiten immer wieder Abweichungen zu verzeichnen sind, die Regensburger Geschichtsschreibung bis zum Beginn der Neuzeit; durch den mächtigen Einfluß des Geschichtsbildes, das Andreas von Regensburg geprägt hat, setzte sich zum Ende des Mittelalters die Regensburger Auffassung sogar widerstandslos in ganz Bayern durch. Der Augustinerchorherr Andreas von Stadtamhof hat in seinen beiden großen Geschichtswerken, der Chronica Pontificum et Imperatorum

[5] Schneider 91 ff.; zur Herkunft der Namen s. S. 52, s. auch Schneider 24 f., 34 ff., 51 f.

[6] Oefele I 696 f., hier: „Tiberina", wie später auch Aventin (SW I 295), während die Annales Ratisponenses 581 „Tiburnia" haben; als Name des ersten Bischofs ist in dem „Breve Chronicon" allerdings „S. Paulus" aufgeführt – damit ist Regensburg an die Apostel angeschlossen. Vgl. auch Anm. 8.

[7] S. S. 53.

[8] Eugippius, Vita S. Severini, cap. 21 (hg. v. Mommsen) 31, übernommen in den Annales Ratisponenses 579.

Romanorum und in der Chronica de principibus terrae Bavarorum[9] (1422), an denen er seit 1405 arbeitete, die Geschichtsschreiber der Vergangenheit nicht nur als Vorlagen benutzt, die einfach auszuschreiben waren, sondern bereits als Quellen, und er hat sich um ein möglichst breites Quellenfundament bemüht, so daß ihm, zumal er auch Akten und urkundliche Überlieferung beizog, bereits da und dort ein kritisches Verhältnis zur Vergangenheit möglich war. Gleichzeitig hat aber auch der Zufluß einer solchen Fülle von Quellen selbst wieder die Kritik erschwert, das drückende Gewicht der ganzen ungebrochenen Überlieferung, die zuletzt durch einen Namen von der Autorität Konrads von Megenberg an ihn gelangte, war schließlich doch unüberwindlich. Andreas selbst hat aber das Erbe aus Regensburger Überlieferung durch Straffung der Thematik und durch bedeutungsvolle Hinweise vermehrt weitergegeben; so modern auch seine fast journalistenhafte Neugierde anmuten mag, so kritisch er sich wiederholt über Legenden hinwegsetzen mochte, er stand doch auch in der Tradition der mittelalterlichen Weltchronistik, wie schon seine Themenwahl verrät, sein Geschichtsbewußtsein war vielgestaltig und nicht einer einzigen Dimension zugehörig. So benützte er für seine Beschreibung der Stadt[10] in der Chronik wie in einem eigenen Büchlein, anders als sein Nachfolger Veit Arnpeck ein halbes Jahrhundert später, die Schottenlegende nicht als Quelle. Nur die einleitenden Sätze mit der Begründung des Regensburger Anspruches auf den vierten Rang unter den vornehmsten Städten des römischen Reiches übernahm er weitgehend wörtlich, also auch mit der Berufung auf die besonderen Freiheiten dieser vier Städte, er fügte aber dann aus der älteren Emmeramer Tradition noch die heilsgeschichtliche Begründung für die Auserwählung Regensburgs hinzu: „fundata et corporibus sanctorum tamquam margaritis candidissimis ornata". In der Datierung folgte er Konrad von Megenberg, die heilsgeschichtliche Beziehung hob er aber in ungleich größerer Feierlichkeit hervor mit der Formel, welche den gesamten Abschnitt einleitete: „Anno effusionis sanguinis Christi pro salute generis humani Ratispona metropolis Bavarie a Tyberio conditur". Den Abschluß bildet der Dionysius-Hymnus aus dem Emmeramer Codex „Gaude Ratispona super excellencia dona"[11], in wel-

[9] QE NF I, 1903, hg. v. G. Leidinger, Zum Regensburg-Bild des Andreas vgl. Schneider 35 f., 39 f.; Dürrwaechter 130; H. Brack, Bayerisches Geschichtsverständnis im 15. Jahrhundert (Speculum Historiale. Festschrift für Johannes Spörl) 1965, 334–345.

[10] QE NF I 8 f., 507 f.; Compendium de condicione civitatis Ratisponensis et de diversis hereticis, ebd. 693–696 (hier ist S. 8 f. der Chronik in Verse gebracht); die Stelle der Chronik s. Anhang S. 118 Nr. 20.

[11] S. S. 44. Andreas von Regensburg hat auch eine eigenhändige Abschrift der älteren Translatio hinterlassen (Clm 1805; s. Leidinger, Codex Aureus 31).

chem die Begnadung Regensburgs begründet wird mit der Gegenwart aller vier Heiligen der Stadt, Dionysius, Emmeram, Wolfgang, Erhard — eine Folge wohl der Emmeramer Dionysius-Renaissance im ausgehenden Mittelalter[12]. An diesen ersten Teil der Beschreibung schließt sich die Entwicklung der sieben Namen Regensburgs, wieder spricht erstmals er den symbolischen Charakter dieser Namen an: „haec civitas Ratispona septinomia, id est septem nomina habens, reperitur, quibus ipsa per cronicas claret in libertatibus et iuribus suis". Die Überlieferung, aus der er schöpfte, war also dichter, als es scheint, er benutzte nicht nur Konrad von Megenberg[13]. Andreas hat allerdings Konrad von Megenberg auch dort zitiert, wo er die Schottenlegende unmittelbar benützte. Er hat auch die Emmeramer Dionysius-Legende beigezogen, um die Gegenwart der Heiligen in großer Form zu feiern, auch fließen in seine Deutung von Ratispona die Wendungen aus der jüngeren Emmeramer Translatio ein[14], außerdem ersetzt er, obwohl in dem historischen Teil der Chronik davon nichts zu finden ist[15], das „defensurus" des Konrad von Megenberg in jenem Teil, der sich auf das Verhältnis Karls des Großen zu Regensburg bezieht, durch „debellaturus"[16], d. h. er übernimmt an diesem einen Punkt die Schotten-

[12] B. Bischoff, Studien zur Geschichte des Klosters St. Emmeram im Spätmittelalter 1324—1525 (StMBO 64) 1953/54, 167—187, wieder in Mittelalterliche Studien II, 1967, 115—155.

[13] Wie nach Leidingers Kommentar zu Andreas geschlossen werden könnte; bezüglich der Verse des Dionysius-Hymnus äußerte Leidinger allerdings Zweifel (QE NF I S. 8 Anm. 4). Zum Jahr 1052 fußt Andreas sowohl auf dem Privileg Leos IX. wie auf Frutolf von Michelsberg (ebd. 46).

[14] QE NF I 9: „Dicitur tertio Ratispona, quia, cum excrevisset honoribus et diviciis, *mercimonia* ibi confluebant quam plurima et undecunque navibus seu ratibus afferebantur, rates huiusmodi ibidem in *porticu* deponebantur . . .".

SS XI 354: „Haec quod rates undecunque *mercimonia* portantes hic in *portu* ponuntur, Ratispona vocatur".

[15] QE NF I 29.

[16] QE NF I 9: *„quia priusquam pons ibi super Danubio fieret, rates crebro propter multitudinem negociorum frequentabantur transitu* et accessu, *vel quia Karolus Magnus* cum debellaturus esset populum eiusdem civitatis, rates ibidem super Danubio fluvio propter exercitus suos transituros crebra congerie cumulabat, vel ideo Ratispona hodie dicitur, quia rate, id est firmiter, posita est et firmis edificiis roborata."

Konrad von Megenberg, ed. Schneider 92: *„quia priusquam pons ibidem fieret super danubio rates crebro frequentabantur transitu propter multitudinem negociatorum vel quia Karolus magnus* defensurus civitatem ratibus transivit danubium ibidem . . .".

legende wirklich. Im übrigen folgt er aber bei der Interpretation der sieben Namen Konrad, weitgehend wörtlich[17]. Ihm folgt er auch für die Übertragung des Paulinus der Vita Severini als Bischof nach Regensburg[18].

Bei Andreas von Regensburg sind wieder alle traditionellen Elemente des in Jahrhunderten geformten Regensburg-Bildes vereint, die besondere Erwählung Regensburgs dank der heiligen Leiber, die seine Mauern bergen, die Gründung durch einen römischen Kaiser, und zwar genau im Jahre der Erlösung, die Siebenzahl der Namen, der Rang einer Metropolis Bavariae, die Zugehörigkeit zu den vier besonders bevorrechteten Städten des römischen Reiches. Diese Bestandteile kehren wieder in der kurzen Beschreibung der Stadt Regensburg in der Österreichischen Chronik des Thomas Ebendorfer († 1464)[19], im „Buch der Croniken" Hartmann Schedels (1492)[20], ein Teil auch in der eigenwilligen, aber treffsicheren Beschreibung bei Enea Silvio[21]. Vollends Veit Arnpeck übernimmt in seiner Chronica Baioariorum[22], die 1494 abgeschlossen war, das Kapitel bei Andreas mit allen Einzelheiten. Der Aufbau ist geringfügig verändert, die heilsgeschichtliche Bedeutung der Stadtgründung abgeschwächt, da es Arnpeck durch seine Kenntnis der römischen Geschichte verwehrt ist, eine

[17] Ergänzungen sind nicht wesentlich; z. B. zu „Reginopolis" übernimmt er völlig Konrad (s. S. 91 Anm. 5), fügt aber hinzu, daß die Höfe der Bischöfe, der Prälaten, des Adels und die Pfalz daher kommen, daß Regensburg die Stadt der Reichsversammlungen war. Auch der Änderung der Reihenfolge der Namen liegt das Bestreben zugrunde, von seinem Wissen noch einiges einfließen zu lassen; statt „Reginopolis" setzt er „Imbripolis" an den Schluß, um hiervon auf die Gründung der Stadt übergehen zu können, für die er aus Isidor, der über Tiberius berichtet, etwas beizutragen weiß.

[18] QE NF I 10; Chronicon episcoporum Ratisponensium, Oefele I 32.

[19] Chronica Austriae, SS rer. Germ. NS 13/1, hg. v. A. Lhotsky, 1967, 10 f., 84 (Norica, Metropolis, Gründung durch Tiberius, Vielzahl der Namen).

[20] Buch der Croniken, 1492, S. XCVII (Gründung durch Tiberius, Hauptstadt, Siebenzahl, Heiligtümer).

[21] Aeneas Sylvius, De ritu, situ, moribus et conditione Germaniae descriptio, Opera, Basel 1571, 1044; Von Regensburg heißt es hier: „Sedem illam Alberti, quondam summi philosophi, in urbe clarissima, ad ripam Danubii, in Bavaria sitam, ubi et imperatores Germani frequentes habere curias consueuerunt. Bemerkenswert ist auch die Stelle S. 1053: „In Boiaria uix oppidum reperias cuius munditias non magnopere admirere ... Maior tamen ea est Ratispona, beatissimi apostoli Petri delubro et ponte, quo Danubius transmittitur, lapideo, et pluribus sanctorum ecclesiis, memoranda: Atque in primis Sancti Emmerammi monasterio, in quo Leo Pontifex Maximus, beatum Dionysium e Parisiis pro furto deductum, iacere affirmat. Et in hac urbe saepe Teutonici Caesares habuere conuentus, et Conradus cum iturus esset in Asiam, Maximus certe monachanitor".

[22] QE NF III hg. v. G. Leidinger, 1915, 29 f.: „De Ratispona metropoli Baioarie et eius nominibus".

Tiberius-Gründung noch 33 n. Chr. anzunehmen. Er verlegte also die Gründung der Stadt in das Jahr 2 v. Chr. Geburt, auch nimmt er bei der Interpretation des Namens „Germeinshaim" Germanicus als eventuellen einstigen Vorsteher Regensburgs zur Begründung Konrads von Megenberg hinzu, auch fügt er aus den Aufzeichnungen von Kremsmünster[23] außerhalb der heiligen Siebenzahl noch den Namen „Noricus" hinzu, der auf die erste Gründung durch Norix, den Sohn des Hercules, hindeute. Im übrigen übernahm er die Interpretation der sieben Namen wörtlich von Andreas, dann folgte eine Kurzfassung der Schottenlegende – die im Fortgang der Erzählung dann mehrere Seiten füllt[24] – den Schluß bildete der dem Andreas entnommene Dionysius-Hymus. So sehr auch, allein durch die wenigen Eingriffe wie durch die geringfügige Veränderung des Aufbaus, auch der große Zuschnitt wie bei Andreas von Regensburg preisgegeben worden war, als wesentliches fehlte doch nur die Einordnung Regensburgs unter die vier urbes principales des Imperium Romanum – damit fehlte allerdings der Schlußstein in jenem Gebäude, das in Regensburg eine lange Tradition zusammengefügt hatte. Arnpeck ging es zweifellos nicht darum, den Regensburger Anspruch auf Auserwählung vor anderen Städten der Christenheit zu unterstreichen, er hat ihn auch nicht mehr anerkannt. Neben Regensburg werden kaum weniger ausführlich behandelt Nürnberg und Salzburg, die „Metropolis Bavariae", übernommen wird aus Kremsmünster der Anspruch Lorchs auf den Vorrang unter den Bischofsstädten Bayerns, der Regensburger Bischof Paulinus wird nicht erwähnt[25].

Diese kritische Position ist zwar in Regensburger Geschichtswerken des ausgehenden Jahrhunderts und der Folgezeit nicht zu erwarten, doch verwundert, daß der Kanoniker der Alten Kapelle Udalrich Onsorg in seinem Chronicon Bavariae von 1485 aus Andreas von Regensburg, damit auch aus der Schottenlegende und aus Konrad von Megenberg nichts übernimmt und sich beschränkt auf die Betonung der Bevorzugung St. Emmerams und Regensburgs durch Kaiser Arnulf[26], während der Regensburger Augustinereremit Hieronymus Streitel[27], der befreundet war mit dem St. Emmeramer Benediktiner Ostro-

[23] S. S. 53 Anm. 103.

[24] QE NF III 91–100. Er hat auch den Translationsbericht benützt (s. Hirsch I 415 f.).

[25] Ebd. 30 f., 37, 40 f.

[26] Oefele I 356–369, Arnulf und St. Emmeram 358.

[27] [Hieronymus Streitel], Anonymi Ratisbonensis Farrago historica Rerum Ratisponensium (508–1519), Oefele II 500. Zu Streitel s. W. Rügamer, Der Augustiner-Eremit Hieronymus Streitel und seine literarische Tätigkeit (Programm d. Hum. Gymn. Münnerstadt) 1910/11; Leidinger, Bernardus Noricus 32; H. Menhardt, Kleiner Fund zur Geschichte des Münchener Codex aureus (Zentralblatt f. Bibliothekswesen 49) 1932, 551–554; Ziegler 181, 186.

francus, wenigstens den Kern der Emmeramer Dionysius-Legende übernimmt. Er schreibt das Verdienst an der Anlage der Neustadt mit den Worten des jüngeren Translationsberichts dem hl. Emmeram zu und weist hin auf den Leib des Dionysius Areopagita in St. Emmeram, doch zieht er daraus weder die Konsequenzen, die in der Vorlage zu finden waren, noch ist der Einfluß von Andreas von Regensburg oder Arnpeck zu spüren. Erst Christophorus Hoffmann von St. Emmeram, genannt Ostrofrancus, nimmt die ganze Tradition wieder auf, ohne jedoch, der engeren Thematik seiner Arbeiten entsprechend, für seine Kennzeichnung Regensburgs eine Begründung zu geben. In einer Schrift von 1519 über die Austreibung der Juden aus Regensburg[28] richtet er einleitend den Blick auf die Zeiten der Größe und Macht Regensburgs, der einstmals berühmten und überaus gewaltigen Stadt, „nec solum Boioariae metropolis, verum quoque inter totius nostrae Germaniae urbes laudatissima". Er weist hin auf die Könige und Kaiser, die Regensburg aufgesucht haben, auf die Wohltaten und Privilegien Karls des Großen und die Vorliebe Arnulfs für Regensburg, er preist die großen Heiligtümer der Stadt, Dionysius, Wolfgang und Erhard, er kennt die sieben Namen; die vier Städte, die den höchsten Rang in der ganzen Christenheit einnehmen, sind Rom, Athen, Paris und Regensburg[29]. In seiner Geschichte der Regensburger Bischöfe und Äbte von St. Emmeram führt er auch mit der Nennung von Paulinus die Regensburger Bischofsreihe in die Frühzeit des Christentums zurück[30]. Damit sind alle Elemente genannt, aus denen die Vorzugsstellung Regensburgs resultiert. Ostrofrancus hat kein geschlossenes Bild Regensburgs geboten, sein Ton ist auf Klage gestimmt, was er in hochtönenden Wendungen[31] preist, ist die entschwundene Größe.

Das Regensburgbild Aventins also speiste sich nicht allein aus diesen letzten Zeugnissen der Regensburger Geschichtsschreibung, sondern dankt seine Geschlossenheit einer langen Reihe von Vorbildern. Dazu gehört Andreas von Regensburg, aber auch der Stimmungsgehalt der Schottenlegende fließt ein, die er so hart verurteilt und der er doch vor allem seine Begründung des hohen

[28] De Ratisbona metropoli Boioariae et subita ibidem Judaeorum proscriptione, Augsburg 1519.

[29] Ebd. B III^4; die Begründung: Rom wegen der Rostra, Athen weden des Areopags, Paris wegen des Parlaments, Regensburg wegen des Consistoriums (das Reichsgericht zu Regensburg).

[30] Episcoporum Ratisponensium nec non Abbatum Monasterii D. Emmerami historia, Oefele I 547 ff.

[31] S. S. 3 Anm. 13. Zu den Laudes Ratisbonae in seiner Weltchronik von 1516 (Clm 14869 fol. 8^v ff.) s. Ziegler 180.

Anspruchs Regensburgs auf eine Ausnahmestellung unter den deutschen Städten dankt, nämlich ihre große Rolle unter Karl den Großen. Trotz schärfster Kritik[32] kann sich auch Aventin der faszinierenden Wirkung eines so sicher gestalteten Anspruchs nicht entziehen; erdrückt wird seine Kritik auch durch die Dichte und das Alter der Bezeugungen, die weit vor Arnpeck, Andreas von Regensburg oder Konrad von Megenberg zurückreichen zu Arbeo, Arnold von St. Emmeram, dem von ihm so genannten Bernardus Noricus[33] und der Salzburger Geschichtsschreibung. Diesen Quellen entnimmt er nicht nur die ganze Reihe der Fakten, die eine Ausnahmestellung Regensburgs beweisen, oder fügt neue hinzu, er übernimmt auch die Legende[34]. Selbst da, wo er sie umformt, wie in der Ersetzung des Paulinus der Vita Severini durch den Apostel Raetiens, Lucius von Cyrene[35], in der etymologischen Ableitung der „urbs quadrata" der Schottenlegende von der Legio Quarta[36] (die eigentlich in Chur stationiert war, wodurch sich der mit Chur verbundene Lucius ergibt), selbst wo er sie bekämpft, wie in der Sage vom Heidenkrieg Karls des Großen vor Regensburg, übernimmt er doch den tieferen Bezug. Er übernimmt auch einen Teil der überlieferten Namen[37]; die Siebenzahl bedeutet ihm zwar nichts mehr, auch ist das grammatische Interesse an diesen Namen nicht geringer als das historische, aber seine Interpretation ist trotzdem nicht kritisch, auch wenn er einzelnes ablehnt und Neues hinzufügt; ihm geht es um die Ausdeutung des Überkommenen, er bewahrt es und gibt es weiter.

Vor allem den innersten Kern des Anspruchs der Stadt Regensburg, wie er in der Schottenlegende formuliert ist, hat Aventin zu bewahren versucht; Regensburg ist für ihn nicht nur „caput sedesque regum et ducum Boiorum"[38], sie gehört auch zu jenen vier Städten des hl. Römischen Reiches Deutscher

[32] S. W. I 294: „die ungelernten Schotten"; ebd. 296: „Es stên in der lugent drauß zu Weich S. Petter noch wol mêr lugen ..."; wenn DÜRRWAECHTER 136 meint, AVENTIN habe die Geltung der Schottenlegende zerstört, so trifft das den Sachverhalt nur zum Teil, er hat in Wirklichkeit die weitere Geltung ihrer Kernthese durchgesetzt, nämlich den Anspruch für Regensburg auf besondere Auserwählung.

[33] G. LEIDINGER, Bernardus Noricus (SB A. d. W. München) 1917.

[34] SW I 295; II 630–634; Zur Leichtgläubigkeit AVENTINS gegenüber der Dionysius-Erzählung s. K. SCHREINER, Discrimen veri ac falsi (AKG 48) 1966, 51 f., dort auch andere Humanisten von gleicher Kritiklosigkeit. AVENTIN kannte den Emmmeramer Translationsbericht; die Abschrift, die Andreas von Regensburg machte (Clm 1805), enthält Randbemerkungen von der Hand Aventins (LEIDINGER, Codex Aureus 31).

[35] SW I 267 f.

[36] Ebd. I 266, II 153 f.; hier beruft er sich auf ein römisches Monument, das er auch beschreibt.

[37] SW I 266, 294 f.; II 153 f.

[38] Ebd. III 215 u. ö.

Nation[39], die Karl der Große besonders bevorzugt hat, in Mainz, Trier, Köln und Regensburg hat er ein „Kammergericht" eingesetzt, er hat diese Städte zu Gerichtsorten gemacht, an denen jedermann sein Recht findet. Eigentümlich ist, daß gerade der Bürger Aventin, der Humanist, die Ausnahmestellung Regensburgs nicht auf seine Rechte und Freiheiten begründet, wie die Schottenlegende. Er wußte freilich, daß die Rechtsstellung der Reichsstadt Regensburg nicht so außergewöhnlich war, daß sie nicht mit Augsburg und Nürnberg, Straßburg und Basel, Frankfurt und Lübeck vergleichbar gewesen wäre[40], aber es mag seine Zurückhaltung wohl auch daran liegen, daß die reichen Quellen zur Regensburger Geschichte, die er verarbeitet hat, weder den Freiheitskampf der Bürgerschaft noch bürgerliche Aktivität überhaupt erwähnen, den Archidiakon Eberhard und die dürftige Erwähnung der kaufmännischen Rührigkeit im jüngeren Translationsbericht ausgenommen[41]. Sie handeln von Kaisern und Königen, von Herzögen, Grafen und Bischöfen; das ist die Welt, die auch in den Werken Aventins erscheint. Die Bürger von Regensburg und der Rat haben aber ebenfalls diese Ordnung als die rechte anerkannt, und zwar noch Ende des 14. Jahrhunderts. Damals hat der Rat nicht irgend einen ihm eigentümlichen Stadtheiligen, wie etwa die Nürnberger ihren St. Sebald, zur besonderen Verehrung auserwählt, sondern das bürgerliche Selbstverständnis orientierte sich an dem einstigen Verhältnis der Stadt zum größten aller Kaiser, die Regensburg je aufgesucht hatten. 1394 bemühte sich der Regensburger Rat in Aachen um Reliquien Karls des Großen, weil, wie es in dem Schreiben an Rat und Bürgermeister in Aachen heißt, „dieser heilige und würdige Fürst, wie von ihm in den alten Chroniken der Stadt geschrieben stehet, auch in Regensburg die größten Wunder und Gnaden gewürkt hatte und man ihm gerne auch hier sein Fest und Hochzeit löblicher und würdiger begehen wollte"[42]. Noch das 15. Jahrhundert zog politische Folgerungen aus der Verbundenheit Regensburgs mit dem großen Kaiser, wie sie in der Schottenlegende dokumentiert wurde. Eine Bulle Pius II. von 1458 bestätigte Regensburg die gleichen Freiheiten, die auch Aachen genoß[43]. Regensburg als „secunda civitas Aquensis" war damit in aller Form bestätigt.

[39] Ebd. V 141; die Vierzahl ist verborgen unter einer Elfzahl von Städten im ganzen Reich Karls d. Gr.

[40] Ebd. III 236 (a. a. 1180) stellt er die Verleihung der Reichsfreiheit in Regensburg dar.

[41] S. S. 51.

[42] Zit. nach Gemeiner II 306 f.; zum Fortleben der Schottenlegende in diesem und im weiteren Zusammenhang s. Dürrwaechter 126 f.

[43] Dürrwaechter 128; Folz 525. Damals kaufte der Rat auch die Handschrift der

In Regensburg ist aber trotzdem im 15. Jahrhundert, der Blütezeit der deutschen Stadtchronistik, keine bürgerliche Geschichtsschreibung entstanden, wie in Augsburg und Nürnberg, in Lübeck und Köln, in Braunschweig, Magdeburg, Mainz oder Straßburg; der außerordentliche Umfang der städtischen Chronistik in Augsburg, Nürnberg und Lübeck[44] entspricht der wirtschaftlichen Bedeutung dieser Reichsstädte, zur gleichen Zeit befand sich Regensburg in einem wirtschaftlichen und damit auch politischen Niedergang, der 1485 zur freiwilligen Aufgabe der städtischen Freiheit und zur Einverleibung in das Herzogtum Bayern, nach der Kapitulation Herzog Albrechts IV. 1492 vor dem Kaiser und dem Schwäbischen Bund zur Übernahme in unmittelbare kaiserliche Verwaltung durch einen Beamten, den kaiserlichen Stadthauptmann führte[45]. Jetzt war Regensburg in vollem Rechtssinn kaiserliche Stadt, die Reichstage in Regensburg häuften sich wieder und führten zu neuem Ansehen.

In der Geschichtsschreibung, in Regensburg selbst wie im übrigen Bayern, war der Niedergang allerdings kaum zur Kenntnis genommen worden; das Bild Regensburgs büßte auch nach Aventin nichts von seinem alten Glanz ein. Bestimmend blieben dabei nach wie vor die Grundzüge, die dem Geschichtsbild aus den großen Erdichtungen zugewachsen waren. Die Schottenlegende beeinflußte allerdings unter den Regensburger Geschichtsschreibern unmittelbar nur noch den Emmeramer Abt Cölestin Vogl; noch in der Auflage des Mausoleums Sancti Emmerami (1662) von 1729, herausgegeben von Fürstab Anselm Godin[46], wird die Verleihung der Stadtfreiheit auf Karl den Großen zurückgeführt, wie Rom, Trier und Köln erscheint auch die Kaiserstadt Regensburg allein Papst und Kaiser unterstellt. In der strengen historischen Forschung, deren Entwicklung ebenfalls von Aventin ausging, hat die Schottenlegende keine solche direkte Wirkung mehr. Lorenz Hochwarth von Tirschenreuth, Domherr zu Regensburg, welcher in Fortführung der Tradition eines Konrad von Megenberg und Ostrofrancus seinen Katalog der Regensburger Bischöfe[47] schrieb und ihm ein Kapitel „De origine Ratisponensis civitatis" voranstellte, entnahm nur aus Aventin wie auch unmittelbar aus Andreas von Regensburg und Otto von

Schottenlegende, wenig später erscheint sie in Form eines Gedichts in deutscher Sprache, etwa 10 000 Verse umfassend, in Nürnberg im Druck (Schneider 36, Folz 524). Zur gleichen Zeit erscheinen auch in Aachen neue Karlsschriften (Meuthen, Aachen 381).

[44] Augsburg: Die Chroniken der deutschen Städte, Bd. 4, 5, 22, 23, 25, 29, 32, 33, 34; Nürnberg: ebd. 1–3, 10, 11; Lübeck: ebd. 19, 26, 28, 30, 31; Köln: ebd. 12–14; Braunschweig: ebd. 6, 16, 35; Regensburg, Landshut, Mühldorf, München: ebd. 15.

[45] Spindler III, 1971, 1430 f.; vgl. auch Spindler II, 289 ff.

[46] Ratisbona politica, Regensburg 1729, 344; vgl. dazu Dürrwaechter 129.

[47] Ratisbonensium episcoporum catalogus, Oefele I 159 f.

Freising die Begründung für eine Ausnahmestellung Regensburgs. Unter den überlieferten Kennzeichen dafür wählt er aber bereits aus; Regensburg ist auch ihm „Norici ducatus et totius Bajoariae Metropolis", urbs „Imperialis et libera". Wenn er aber Regensburg als römische Kaisergründung (Augusta Tiberii) neben Trier, Augsburg und Köln stellt, schrumpft in Wirklichkeit die Betonung des Vorrangs Regensburgs bei ihm zusammen zum Vergleich.

Die Dionysius-Legende vollends spielte in der neuzeitlichen Regensburger Geschichtsschreibung nur mehr eine Rolle als Thema der gelehrten Diskussion. Fürstabt Johann Baptist Kraus, der als Historiker und Kanonist bedeutender war durch seine großen Anregungen als durch bleibende Ergebnisse, ging in seiner Darstellung der Emmeramer Geschichte auch auf die Dionysius-Translation ein[48], wie auch die erste Edition des Berichts von ihm stammt, aber er setzte sich nur vorübergehend im eigenen Kloster damit durch[49]. Mit den alten Legenden versank aber nicht das Bewußtsein, das sie geboren hatte, nämlich das Bewußtsein, auf besonders begnadetem Boden zu stehen. Auch für die gelehrten Historiker des 18. Jahrhunderts, für welche Geschichte aus einem Mittel zur Bestätigung von Ansprüchen, zur Durchsetzung politischer, juristischer oder auch pädagogischer Ziele immer mehr zur Wissenschaft wurde, die nichts anderes erweisen sollte als den Weg des Menschen durch die Zeiten, bildete die Geschichte Regensburgs immer noch einen besonderen Anziehungspunkt. „Ratisponensis Urbis, Antiquissimae Bojorum Regumque et Ducum sedis", so spricht F. A. von Oefele im Vorwort zu seiner Edition des Hieronymus Streitel[50] von der Reichsstadt an der Donau, sie verkörperte für ihn, der in seinen Scriptores Rerum Boicarum (1763) die wichtigsten Quellenschriften zur Geschichte Regensburgs veröffentlichte, geradezu die Geschichte Bayerns. In Regensburg selbst hat zu keiner Zeit, auch nicht in der Gegenwart, das Gefühl der Verpflichtung gegenüber einer großen Vergangenheit eindrucksvollere Zeugnisse der Historiographie hervorgebracht als gerade in der Abschiedsstunde von der großen Geschichte, in den letzten Jahrzehnten des alten Reiches, in dessen Rahmen Regensburg, der Sitz des Reichstages, noch

[48] J. B. Kraus, De translatione corporis S. Dionysii Areopagitae, Regensburg 1750; zur Edition, der Grundlage der eigenen Ausgabe, s. Köpke MGH SS XI p. 351; Kraus nimmt zur Dionysiusfrage auch Stellung in seiner Neuauflage des Mausoleum S. Emmerami von Cölestin Vogl, Regensburg 1752, S. 59–72.

[49] Bei Roman Zirngibl, Von der Geburt und Wahl des Königs Arnulf, von der durch ihn neuerbauten Stadt Regensburg, seinem Palaste allda (Neue Hist. Abhdl. d. Bayer. Akad. d. Wiss. 3) 1791, 328 ff., 374; 1803 erwähnt allerdings Zirngibl die Dionysius-Translation nicht mehr (Abhandlung über den Exemptionsprozeß des Gotteshauses St. Emmeram, N. Hist. Abh. d. Bayer. A. d. W. I, 1803, 1–176).

[50] Rerum Boicarum Scriptores II 498.

einmal, wie um das Proömium der Schottenlegende oder Aventin zu bestätigen, zu einem der vier Mittelpunkte geworden war, neben Wien, der Stadt der Kaiser, Nürnberg, dem Aufbewahrungsort der Reichsinsignien, und Wetzlar, dem Ort des Reichskammergerichts. Roman Zirngibl, der Benediktiner von St. Emmeram, hat in erklärtem Gegensatz zur jahrhundertealten Emmeramer Tradition auch nicht den geringsten Ansatz zur Legendenbildung wieder aufgenommen. Das Bild Regensburgs, das er in einer nicht wieder erreichten Quellennähe in zahllosen Abhandlungen und großen Werken gestaltet hat[51], ist so nüchtern wie die Epoche, der er selbst zugehört, die Aufklärung, gleichzeitig ist es so reich und vielgestaltig wie das seines schärfsten, seines vielgehaßten und leidenschaftlich bekämpften Konkurrenten Carl Theodor Gemeiner. Zirngibl ist es immer nur darum gegangen, den Quellen das zu entnehmen, was sie wirklich aussagten, er hat Daten zurechtgerückt, Fakten eruiert, die Rechtsverhältnisse bestimmt. In seinen vielen Kontroversen mit Gemeiner hat meist er recht, die Geschichtswissenschaft dankt ihm zweifellos die Begründung eines gesicherten Gerüsts der Regensburger Geschichte. Gemeiner hat Regensburg mehr gegeben. Vor allem seine „Regensburgische Chronik", die in vier Bänden von den Anfängen bis 1526 reicht und von 1799 bis 1824 erschienen ist[52], will nicht nur das bekannte Wissen über Regensburg in einem einzigen Werk vereinen und neue Erkenntnisse erschließen, will nicht nur die Chronologie klären und den Stoff vermehren, sondern ist, wie jedes Geschichtswerk von Rang, gestaltet aus einer geistigen Mitte. Bei Gemeiner, dem Syndikus der Reichsstadt Regensburg, war das der konservative Bürgersinn, den die Aufklärung gebildet und die beginnende Romantik mit neuem Enthusiasmus erfüllt hatte; zu den tiefsten Antrieben für ein Werk, das unter den deutschen Städten wenige aufzuweisen haben, gehörte, worauf Heinz Angermeier hinweist[53], die „Sorge um ihre Erhaltung und ihre Zukunft". Wo der Geschichte eine so bedeutende pädagogische Aufgabe zugewiesen wird wie im 18. Jahrhundert, nämlich die Erziehung des Bürgers zum rückhaltlosen Eintreten für das gemeine Wohl, muß auch der Antrieb vermittelt werden, der die natürlichen Hemmnisse überwinden kann; so versuchte Gemeiner, bei seinen Lesern eben jenen Stolz zu erzeugen, der ihn selbst beseelte, der Stolz auf Regensburg, „auf ihre Vergangenheit und ihre Schönheit", aber auch auf ihren besonderen

[51] Verzeichnis der Werke Zirngibls A. Kraus, P. Roman Zirngibl von St. Emmeram in Regensburg. Ein Historiker der Alten Akademie 1740–1816 (StMBO 66) 1955, 61 ff.; zum erklärten Gegensatz gegen die Emmeramer Tradition ebd. 67, 1956, 54 ff.

[52] Neu hg. v. H. Angermeier 1971; zur Bedeutung der Chronik Gemeiners s. das Vorwort des Herausgebers.

[53] Vorrede 12*.

Rang vor allen deutschen Städten[54]. Mit seiner eindrucksvoll, so eindrucksvoll, daß sie selbst seinen Gegner Zirngibl überwältigte[55], durchgeführten These von der einzigartigen Stellung Regensburgs als „Freystadt", vergleichbar nur mit Köln, Basel und Straßburg[56], hat so Gemeiner, der doch bereits an der Schwelle zur neueren deutschen Geschichtsschreibung stand, auch der jahrhundertealten Regensburger Tradition einen erstaunlichen Tribut gezollt.

Das 19. Jahrhundert hat die Legende zerstört, aber nicht die Tradition abgebrochen. Der geschichtliche Sinn, der die Bürger traditionsreicher Städte gern auszeichnet, hat die historischen Studien in Regensburg zu einer neuen Blüte geführt, das Bild der Stadt wurde um vieles bereichert, kritisch vertieft und immer wieder im einzelnen neu geformt, ein Ganzes gestaltete aus dem Vorrat an bereitgestelltem Stoff niemand mehr. Das liegt wohl in erster Linie daran, daß dieser Vorrat eben so reich geworden ist, nicht daran, daß sich ohne die Faszination, die von einer wirkungsvoll gestalteten Legende ausgeht, nicht leicht ein Historiker findet, dem der Atem reicht für ein groß angelegtes Geschichtswerk ähnlich dem Gemeiners. Auch wenn es dem 19. Jahrhundert wie auch uns nicht mehr darum geht, für eine beliebige Stadt besondere Erwählung oder doch einen besonderen Rang zu beweisen, so wissen wir doch, daß es Gemeinwesen gibt, denen die Geschichte ein unverwechselbares Antlitz und eine besondere Würde verliehen hat; dieses Bewußtsein zu erhalten, ist eine Aufgabe, die nicht zu verwechseln ist mit dem törichten Sendungsbewußtsein nationalistischer oder sozialistischer Provenienz. Ohne die gemeinschaftsbildende und gemeinschaftserhaltende Kraft, die aus der Kenntnis des gemeinsamen Weges durch die Zeit fließt und die im Bewußtsein einer gemeinsamen Aufgabe beruht, wird der Weg in die Zukunft wie das Tasten eines Blinden. Nur dem, der den Ausgang kennt und das Ziel, ist ein Kompaß von Nutzen; nur wer die Geschichte kennt, wird auch die Richtung finden, die in eine sinnerfüllte Zukunft führt.

[54] Ebd.

[55] StMBO 67, 1956, 46.

[56] S. S. 89 Anm. 82; in seiner Chronik wird die These von der „Freystadt", welche keine Steuern und Matrikularbeiträge bezahlt und eine ganze Reihe von anderen Vorzügen aufweist, entwickelt I 219, 294, 411; II 206, 230, 261, 352 f., 387, 73 f.; III 298. Regensburg als Freistadt „gieng allen Reichsstädten im Rang vor" (I 219).

ANHANG

Ausgewählte Quellen

1. Arbeo von Freising, Lobpreis Regensburgs

Vita vel passio Haimhrammi episcopi et martyris Ratisbonensis, hg. von B. KRUSCH, MGH SS rer. Germ. XIII (Hannover 1920) S. 32–33, 35–36, 92–93.

A

(4). Dum intentione huius sollicitudinis perfecisset iter, ut eorum postponeret partes, caepit Germaniam austri ingredere ad fluenta Danubii amnem in partibus Baiuvariorum. Cuius dum sequeret fluentis, ad Radasponam pervenit urbem, qui ex sectis lapidibus constructa, in metropolim huius gentis in arce decreverat. Quam tunc in tempore dux gentis Baiuvariorum vir alacer Theoto regebat; in quam urbem venerabilis episcopus ingressus est.

(6). Sacer Dei famulus se in hoc exisse a Gallorum regno, ut gentes Hunorum, quae ignorant Deum caeli, hoc est Christum crucifixum, convertere debuisset. Dum minime explendi ceptum iter licere se agnosceret, prospiciens ipsam terram optimam, superficie amoenam, nemorosis locupletem, vino copiosam, ferro superfluam, auro et argento et purporis habundantem, proceros viros et robustos, caritate et humanitate fundatos, humum fertilem et segetum habundantem, iumentis et gregum omniumque, ut pene superficies telli coopertus esse videbatur, melli et apium copia epode habundans, piscium mul-

B

(4). Dumque hac intentione iter perageret, ut praedictarum provinciarum partes postponeret, coepit austri Germaniam ingredi, donec veniret ad amnis Danubii fluenta in partibus Bawariorum. Cuius dum fluenta sequeretur, ad Radasponam urbem pervenit, que sectis constructa lapidibus, in metropolim arcem huius gentis excreverat. Quam eo tunc tempore dux gentis Bawariorum vir alacer Deoto regebat; in quam pater venerabilis episcopus ingressus est.

(6). Sacer vero Dei famulus in hoc se inquid exisse a Gallorum finibus, ut gentem tepidam Hunorum, ignorantem Deum caeli, hoc est Christum crucifixum, ad fidem convertere voluisset. Dum enim ceptum iter agere se licenciam non habere posse conspiceret, duci populoque consensit. Videns etiam terram bonam ac superficiae amoenam nemoribusque locupletem ac bonis omnibus abundantem, viros proceros et robustos, humanitate et caritate fundatos, humum segetibus adopertam.

titudine in stagnis et in amnis infusa, prospicuissimis fontibus et rivolis inrigua, sale, prout opus erat, condita. Urbs, ut praediximus, Radaspona inexpugnabilis, quadris aedificata lapidibus, turrium exaltata magnitudine, puteis habundans. Cuius septentrionalem partem Danubius suo rigore contra ortum suo cursu infunditur fluenta. Regionis montana fructifera, pascuis dedita, herbis habundantia, feris saltus et frutecta cervis, alcis, bubulis, capreis, ibicum et omnium bestiarum atque ferarum generibus ornata.

Erat enim urbs ipsa Radaspona, cuius iam fecimus mentionem, in expugnatione difficilis, lapidibus quadris edificata et turrium magnitudine sublimis ac puteis abundans. Cuius septemtrionalem partem Danubius contra orientem decurrens proprio rigore vallavit; sed et regio eidem civitati adiacens fructifera.

(42). Tunc dum inde regressus ad solitudinem sub festinatione, ut praevaluit, carpebat iter, sine intermissione cum lacrimis Deo fundebat praeces, ut per merita beati sui martyris in se speranti prosperaretur iter. Peractis namque suis in profectionibus continuis diebus XV, tantaque prosperitate et securitate supernus opifex, unius panis sacietate cottidianis aviditatibus, membris ex faticatione itineris distinatione perduxit, ut huius hora diei XV. tertia in montem staretur super plantatione vinearum: inter confluenta Danubii et Imbris sitis dinoscitur; ex cuius vertice viri Dei martyris contemplabat ecclesiam et urbem avidam, moeniis et turrium constructione munitam. Qui dum agnosceret, magnas Deo referebat laudes, per callem descendebat ad portum amnis.

(42). Regressus autem ad solitudinem sub festinatione perrexit et sine intermissione Domino preces cum lacrimis fudit, ut per merita beati martyris Hemmerammi sibi prosperum iter praeparet. Peractis itaque continuis diebus in profectione quindecim, tanta prosperitate ac securitate supernus iudex eum reduxit ex itinere fatigatum, ita ut in tertia hora quintae decime diei staret in monte contra Radaspona inter

Danubii et Imbris fluenta iuxta plantationem vinearum, et ex eodem iugo montis urbem avidam videns, beati Dei martyris ecclesiam contemplans, magnas et inmensas Domino gratias referebat, et demum ita descendens, venit ad portum.

2. Die Hauptstadt der Agilolfinger

Vita Hrodberti episcopi Salisburgensis, hg. v. W. Levison, MGH SS rer. Merow. VI (Hannover-Leipzig 1913) S. 158.

Cumque fama sanctae conversationis illius longe lateque crebresceret, pervenit ad notitiam quondam ducis Bagoariae regionis nomine Theoto, qui supradictum virum Dei enixis precibus, prout potuit, libentissime rogare studuit per missos suos, ut illam provinciam cum sacratissima sua doctrina visitare dignaretur. Unde praedicator veritatis, divino conpunctus amore, adsensum praebuit, primo suos dirigens legatos, postea vero ad Christi gregem lucrandum per semet ipsum venire dignatus est.

Hoc audiens praefatus dux, magno perfusus est gaudio obviamque illi cum suis satellitibus pergens et sanctum virum euangelicumque doctorem cum omni honore et dignitate, sicut decentissimum erat, in Radesbona suscepit civitate.

3. Karl der Große in Regensburg (Auswahl)

a) Annales Mosellani, hg. v. I. M. Lappenberg, MGH SS XVI (Hannover 1859) S. 498.

Anno incarnationis dominicae 790. Hoc anno palacium regale in Wormatia ex parte igne crematum est. Et eodem anno praefatus Karlus rex fuit in Hunia circa tempus autumni, et eandem provinciam ex magna parte vastatam, non tamen ex integro subactam eo ipso anno ad propria rediit, atque in civitate quae Reganesbrug dicitur, usque ad innovationem anni, id est usque ad nativitatem Domini quietus resedit.

791. Hoc anno Karlus, postquam anno preterito de Pannonia reversus est, in ipsa civitate Reganesburg resedit per totum anni spacium, id est de nativitate usque ad nativitatem Domini. Ibique eodem exercitus Francorum tempore aestivo more solito convenit, excepto, quod, quaedam pars exercitus eius, quae per Frisones et Saxones navigio venire debuit, ab eisdem decepta est gentibus et magna ex parte perempta; quique etiam caede peracta rursum pagani effecti sunt. Ipsoque anno tempore autumni eiusdem regis primogenitus filius nomine Pippinus, ex concubina eius Himiltrude natus, in tanto scelere inventus est, ut regnum sibi patris, patrem et fratrem occidendo, fraude subripere deliberaret. Cui quam plures ex nobilissimis iuvenibus seu senioribus Francorum sociati, ab eodem rege reperti atque alii suspensi, alii decollati, alii flagellati atque exiliati sunt. Caepit autem eodem anno statim tempore messis tanta famis esse, quae qualiter, vel quousque excreverit, sequentis anni describit ordo.

792. Hoc anno isdem Karlus rex in praefata urbe nativitatem Domini celebrata totum pene sequente anno ibidem resedit, excepto quod circa tempus autumni ad quendam aquaeductum, quem inter Danuvium fluvium et Radantiam alveum facere caeperat, secessit ibique praefato operi sedulus insistens, partem huius anni que supererat pene perstetit; praeter quod paucis diebus ante natale Domini ad Sanctum Kilianum praefatum opus imperfectum derelinquens advenit ibique eandem natalem Domini cum fine huius anni et initio alterius celebravit.

b) Chronicon Vedastinum, hg. von G. Waitz, MGH SS XIII (Hannover 1874), S. 705.

Karolus rex anno imperii sui 22. contra Avaros ultra modum persequentes christianos exercitum ducit. Qua de ré Franci cum Baioariis et Saxonibus et Alemannis misericordiam Domini sibi adesse postulavere, vigilias cum laetaniis egére, ut victoriam ex ipsis Avaris meruissent optinere; quam eis Domini clementia contulit benigne. Franci Avaros fugavére et absque belli discrimine ad propria rediére. Rex K[arolus] in Renesburg natalem Domini, similiter et pascha celebravit.

Sequenti vero anno, qui fuit annus imperii sui 23, in Renesburg natalem Domini et pascha celebravit et nusquam exercitum duxit.

Anno 793, qui fuit annus imperii K[aroli] regis 24, Saxones contra regem K[arolum] alienavére. Ipse vero rex natalem Domini ad Sanctum Kilianum in Wirsinburg cęlebravit.

c) Annales Regni Francorum — Annales qui dicuntur Einhardi, hg. von F. KURZE, MGH SS rer. Germ. VI (Hannover 1895) S. 84–92.

Annales Regni Francorum

788.

Post haec omnia domnus rex Carolus per semet ipsum ad Reganesburg pervenit et ibi fines vel marcas Baioariorum disposuit, quomodo salvas Domino protegente contra iamdictos Avaros esse potuissent. Inde vero reversus celebravit natalem Domini in Aquis palatio, pascha similiter.

791.

DCCXCI. Inde autem itinere permoto partibus Baioariae perrexit, ad Reganesburg pervenit, ibi exercitum suum coniunxit. Ibique consilio peracto Francorum, Saxonum, Frisonum, disposuerunt propter nimiam malitiam et intollerabilem, quam fecerunt Avari contra sanctam ecclesiam vel populum christianum, unde iustitias per missos impetrare non valuerunt, iter peragendi; cum Dei adiutorio partibus iamdictis Avarorum perrexerunt.

Et celebravit domnus rex Carolus natalem Domini in Reganesburg, pascha similiter. Et inmutavit se numerus annorum in

792.

DCCXCII. Natalem Domini et pa-

Annales q. d. Einhardi

788.

Rex autem in Baioariam profectus eandem provinciam cum suis terminis ordinavit atque disposuit; atque inde regressus in Aquisgrani palatio suo, ubi hiemaverat, et diem Domini natalicium sanctumque pascha more solemni celebravit.

791.

DCCXCI. Transacta verni temperie circa aestatis initium rex de Wormacia movens Baioariam profectus est, ea meditatione, ut Hunis factorum suorum vicem redderet et eis, quanto celerius posset, bellum inferret. Comparatis igitur ad hoc ex omni regno suo quam validissimis copiis et commeatibus congregatis bipertito exercitu iter agere coepit . . .

Facta est haec expeditio sine omni rerum incommodo, praeter quod in illo, quem rex ducebat, exercitu tanta equorum lues exorta est, ut vix decima pars de tot milibus equorum remansisse dicatur. Ipse autem cum dimissis copiis Reginum civitatem, quae nunc Reganesburg vocatur, venisset et in ea hiematurus consedisset, ibi natalem Domini et pascha celebravit.

792.

DCCXCII. Orgellis est civitas in

scha in Reganesburg. Heresis Feliciana primo ibi condempnata est; quem Angilbertus ad praesentiam Adriani apostolici adduxit, et confessione facta suam heresim iterum abdicavit.

Eodem anno nullum iter exercitale factum est. Pons super navigia flumina transeuntia factus est, anchoris et funibus ita coherens, ut iungi et dissolvi possit.

Ibi natalem Domini, ibi pascha celebratum est. Et inmutavit se numerus annorum in

793.

DCCXCIII. Rex autumnali tempore de Reganesburg iter navigio faciens usque ad fossatum magnum inter Alcmana et Radantia pervenit . . .

Pyrinei montis iugo sita, cuius episcopus nomine Felix, natione Hispanus, ab Elipando Toleti episcopo per litteras consultus, quid de humanitate salvatoris dei et domini nostri Iesu Christi sentire deberet, utrum secundum id, quod homo est, proprius an adoptivus Dei filius credendus esset ac dicendus, valde incaute atque inconsiderate et contra antiquam catholicae ecclesiae doctrinam adoptivum non solum pronuntiavit, sed etiam scriptis ad memoratum episcopum libris, quanta potuit pertinacia, pravitatem intentionis suae defendere curavit. Huius rei causa ductus ad palatium regis, — nam is tunc apud Reginum Baioariae civitatem, in qua hiemaverat, residebat, — ubi congregato episcoporum concilio auditus est et errasse convictus; ad praesentiam Adriani pontificis Romam missus ibi etiam coram ipso in basilica beati Petri apostoli heresim suam damnavit atque abdicavit. Quo facto ad civitatem suam reversus est.

Rege vero ibidem aestatem agente facta est contra illum coniuratio a filio suo maiore, nomine Pippino, et quibusdam Francis, qui se crudelitatem Fastradae reginae ferre non posse adseverabant atque ideo in necem regis conspiraverant. Quae cum per Fardulfum Langobardum detecta fuisset, ipse ob meritum fidei servatae monasterio sancti Dionysii donatus est, auctores vero coniurationis ut rei maiestatis partim gladio caesi, partim patibulis suspensi ob meditatum scelus tali morte multati sunt.

Rex autem propter bellum cum Hunis susceptum in Baioaria sedens pontem navalem, quo in Danubio ad id bellum uteretur, aedificavit ibique natalem Domini et sanctum pascha celebravit.

d) Annalium veterum fragmenta partim ex Mettensibus desumpta, hg. von G. WAITZ, MGH SS XIII (Hannover 1881) S. 32.

Anno dominice incarnationis 792.

Feliciana heresis apud Ragenesburc condempnata est. Et celebravit ibi rex natalem Domini.

Anno dominicae incarnationis 793.

Karolus rex de Ragenesburc proficiscens — Wirziburc [Reg.] apud Sanctum Kilianum. Imperator autem Baioariam profectus, venationem bubalorum ceterarumque ferarum per saltum Hircanum exercuit. Inde vero ad Regenesburch veniens, dispositis his que utilia videbantur esse, adventum exercitus de Pannonia redeuntis prestolabatur. Quibus reversis, obviam illis ad Regenesburch venit. Ibi etiam cum illis Zodan princeps Pannonie veniens, imperatori se tradidit. Multi quoque Sclavi et Huni in eodem conventu fuerunt et se cum omnibus que possidebant imperatoris dominio subdiderunt. Constitutisque omnibus utilitatibus que in illis partibus necessaria erant, per Alemanniam et per Warmatiam hiemis tempore ad Aquis palacium venit, ibique natalem Domini celebravit.

e) Chronicon Universale cum continuatione (annalibus Maximinianis), hg. von G. WAITZ, MGH SS XIII (Hannover 1881) S. 22.

Anno 788. . . Eodem anno commissum est bellum inter Grecos et Langubardos atque Beneventanos, ubi ex Francis fuerunt missi domni Caroli regis, et cessavit victoria Francis; et alium bellum commissum est in campestribus Foroiuli contra Avaros, qui cum contumeliam reversi sunt patriam; et tertium bellum habuerunt idem Avari cum Baiowariis, et inde similiter confusi redierunt ad sua. Eodem anno venit Carolus rex ad Reginespurc et ibi prout libuit ordinavit.

Anno 791. Perrexit domnus Carolus cum Francis et Saxonibus, cum Baiowariis et Alamannis et cum ceteris populis suis in Pannoniam ultra Omundesthorf, et cum triumphi gloria rediit et hiemavit in Reganesburc. Engilrammus, Wiomodus, Sindperhtus episcopi obierunt.

Anno 792. Carolus rex synodum magnam habuit in Reganesburc contra Felicem hereticum de adoptione filii Dei, quae heresis ibi damnata, et libri plurimi Felicis sive Elipandi in eadem herese perduranti combusti sunt, et Felix Romae per Engilbertum transmissus est.

Anno 793. Domnus Carolus rex per fossatum Alchmonae fluminis perrexit.

f) Annales Lobienses, hg. von G. WAITZ, MGH SS XIII (Hannover 1881) S. 229, 230.

788. Thassilo dux Baiuvariorum convictus et confessus regiae potestatis reus in Hengelheim capitali sententia dignus iudicatur, sed clementia regis vita ei conceditur, et cum filio Theodone in clericum tonsoratur. Quater eo anno triumphatum est de gente Avarorum, id est Hunorum.

791. Karolus venit ad Regnesburg, deinde cum magno exercitu Avaros agressus, victoriam consecutus est.

803. Venerunt legati Nicophori imperatoris, qui eodem anno factus fuerat imperator, deposita Hirenę. Venit quoque Fortunatus patriarcha de Gretia, afferens inter cetera donaria duas portas eburneas, mirifico ordine sculptas. Eo anno Pannonia cum finitimis regnis sub ditione imperatoris redacta est.

g) Annales Mettenses priores et posteriores, hg. von B. v. SIMSON, MGH SS rer. Germ. X (Hannover-Leipzig 1905) S. 77–81.

(788) Avari fugam incipientes, multa strages ibidem facta est occisorum, et plurimi in Danubio fluvio vitam necando amiserunt. Post haec omnia domnus Carolus in Baioariam ad Reganesburg pervenit et ibi fines vel marcas Baioariorum disposuit, quomodo salvae Domino protegente contra iam dictos Avaros esse potuissent. Inde reversus celebravit natalem Domini et pascha in Aquis palacio.

Anno dominicae incarnationis DCCXCI. Carolus rex perrexit in Baugariam generalemque Francorum conventum habuit in civitate Raginisburh. Et celebravit domnus rex Carolus natalem Domini in Ragenesburh et pascha similiter.

Anno dominicae incarnationis DCCXCII. Heresis Feliciana primo in concilio, quod Ragenesburgh hoc anno celebratum est, condempnata est. Quem Angilbertus ad presentiam Adriani apostolici adduxit, et confessione facta suam heresim iterum abdicavit. Eodem anno nullum iter exercitale factum est. Pons super flumina navigio transeuntia factus est, anchoris et funibus ita coherens, ut iungi et dissolvi possit. Ibi quoque natalem Domini, ibi pascha celebravit rex Carolus.

Anno dominicae incarnationis DCCXCIII. Rex autumpnali tempore de Reginesburh iter navigio faciens usque ad fossatum magnum [inter] Alcmana et Radantia pervenit, ibique missi apostolici cum magnis muneribus presentati sunt. Ibi missus nuntiavit Saxones iterum fefellisse. Inde per Radantiam in Mohin navale iter peragens, natalem Domini celebravit ad sanctum Chilianum in Wirzinburh.

4. Ludwig d. D. erbaut die Alte Kapelle

Notker der Stammler, Taten Kaiser Karls d. Gr., hg. von H. F. HAEFELE, MGH SS rer. Germ. N. S. XII (Berlin 1962) S. 68–69.

Tempore vero lętaniarum de palatio discaltiatis pedibus usque ad ęcclesiam pastoralem vel ad sanctum Hemmerammum, si quidem esset Reganesburg, crucem sequi solitus erat. In aliis vero locis commanentium consuetudinem non abnuebat. Oratoria nova ad Franconovurt et Reganesburg admirabili opere construxit. Cumque propter magnitudinem fabricę alii lapides non sufficerent, muros urbis destrui fecit. In quorum cavitatibus tantum auri circa antiquorum ossa repperit, ut non solum eandem basilicam eodem adornaret, sed et libros integros exinde conscriptos thecis eiusdem materię grossitudine prope digiti cooperiret.

5. Bau der neuen Kaiserpfalz durch Kaiser Arnulf

Ex Arnoldi libris de S. Emmeramo, hg. von G. Waitz, MGH SS IV (Hannover 1841) S. 551.

Ex his autem omnibus, qui Christi Martyrem reverenter colebant, eo quod præ cæteris ejusdem cultui deditus esset, excipiendum mihi puto persuavis memoriæ Arnolfum, Carolomanni filium, primo Baioariæ ducem, dein Franciæ regem, novissime autem ob beati Petri defensionem, post victorias mirificas Romæ factum imperatorem; sub quo etiam veluti fundamentum quoddam Martyris almi miraculis scribendis ponere volo; quia hinc exordium sumens, utpote ex noto, et circa eundem Dei Martyrem maxime devoto, pulchram ad cæteros principes his annotandos processionem facere potero. Is namque sperans, Deum sibi fore propitium, elegit beatum Emmerammum vitæ suæ ac regno patronum, adeoque illi adhæsit, ut in vicinitate monasterii regio cultui aptum construeret grande palatium.

6. Regensburg unter Herzog Arnulf

Fragmentum de Arnulfo Duce, Reindel, K., Die bayerischen Luitpoldinger 893–989, QE XI (München 1953) S. 112.

. . . et si facultas suppetisset, super totum regnum et super solium sibi commissum. Tunc vero idem Saxo Heimricus, ut multi testantur, eiusdem episcopi hortatu et consilio hostiliter regnum Baioariae intravit, ubi nullus parentum suorum nec tantum gressum pedis habere visus est; et ideo credimus, quod Dei nutu primo ingressu ab incolis unius civitatis est superatus, et de sua parte multis victus abscessit.

Priori namque tempore, diebus videlicet Chonradi regis, criminantur, eundem episcopum cum eodem rege et exercitu eius provinciam illam non regaliter sed hostiliter intrasse, et non minimam igne cremasse, atque multis miseriis orphanos et viduas angustiasse. Eodem vero impetu venerunt ad quandam civitatem, beati Petri apostoli et sancti Hemmerammi familia inhabitatam et plenam, quam et expugnatam incenderunt atque 170 et amplius ex his et illis despoliaverunt et multa miseria afflictos reliquerunt. Atque his peccatis saginati et onerati, divino nutu perterriti, exierunt coacti. Post hec et alia gloriosus dux noster Arnulfus, virtute ex alto indutus, fortitudine clarus et victoria enituit eximius, quia de progenie imperatorum et regum est ortus, et per ipsum populus christianus de sevienti gladio paganorum est redemptus et in libertatem vite translatus.

7. Stadterweiterung unter Herzog Arnulf

Ex Arnoldi libris de S. Emmeramo, hg. von G. Waitz, MGH SS IV (Hannover 1841) S. 552.

Postquam monasterium beatissimi martiris Emmerammi, quod prius extra fuerat, coepit esse intra muros Ratisbonensium civitatis, quos Arnolfus dux, inter optimates opere diviso, cito construxerat sub rege Heinrico, filius eius de gente Saxonum primus imperator Otto ad hanc eandem probum duxit venire civitatem.

8. Die Kaiserstadt Regensburg (1080/90)

Anonymi Ratisbonensis Translatio S. Dionysii Areopagitae, hg. von R. Köpke, MG SS XI S. 352–353. Der Text wurde verbessert nach den Varianten der ältesten Handschrift, Clm 17 142, zusammengestellt bei W. Wattenbach, Die Translatio S. Dionysii Ariopagitae (Forschungen zur deutschen Geschichte 13) 1873, 393–397. Die Korrekturen werden angemerkt durch hochgestellte kleine Buchstaben. In Kursive gesetzt sind wörtliche Übernahmen aus Hildwin, Vita et Passio Sanctissimi Dionysii, Migne, PL 106 col. 40.

Quod de bino urbis nomine turbat, paucis, adverte, docebo. Equidem urbs quam vidi, Ratispona ipsa est antiqua eadem et nova, *una magnarum urbium metropolis in confinio* Hircaniae, *prospiciens* Bohemiae *terminos, posita, media inter* Panoniam superiorem *et* Alamanniam *iacet; qua nihil habet* Germania *clarius.* Danubio praeterfluente aquilonari parte cincta, ubere gleba foecunda, *vinetis ubertim effluentibus* dilatata, *auri, argenti,* seu *caeterorum metallorum* copiis, bissi, coccini, cunctigenisque mercimoniis, *navium quoque ac vectigalium commeatibus* et divitiarum *cunctarum affluentiis ultra alias urbes* cumulata redundat . . .

Tum ego: „Causa, inquam, orationis huc veni exul, et te moveat genuinae charitatis affectus, quo nihil in homine, quod quidem ex subiecto accidat, constat esse praestantius, quo mihi remoto velis intimare ambiguo, utrumnam antiquam novamque Ratisbonam accesserim. Nam fama penes nos est, duas eiusdem nominis urbes hac plaga pollere, sed illam novam magnifice sanctorum martyrum a Deo in se collatorum beneficio sublimatam; cuius visendi gratia patria decessi." Ad haec ille subridens: „In nova, inquit, residens, antiquam conspicis." Et surgens, ut in editiori loco stabat, ipsam urbem digito monstrans, trifariam dispertivit: „Aspice, inquit, pergrande illud palatium orientem versus; hic sedes est augustorum, ibi aula regni late porrigitur, hic *curiae* dux [a]*praesidens*[a] *omnium negotiorum civilium publice et privatim ut nobilissimus moderamina disponit.* Ipse augustus palatio residens diversis gentibus vel urbibus *leges condit, aliis vel iura tradit* vel meliorando *mutat.* Hic *exercentur iudicia, et docentur fora omnisque* SCITI *solertia.* Circa monasteria clericorum et virginum et pontificum tam provincialium quam exterorum magnificae aedes curtim regiam ambiunt. Itaque omnis illa *regio* [b]orientalis a Danubio ad australem usque urbis terminum, procerum regni domatibus referta, regius *pagus apellatur*[b]. Huius ad occiduum a boreae plaga incipiens, ubi magni operis templum deifico cultu sublatum vides, cathedra pontificis est, ad cuius dioecesim urbis non solum ambitus, sed et provinciae pleraque pars pertinet. Ergo a praedicto templo ultra basilicam S. Johannis, quae baptisterium vocatur, quod ab aquilone ad austrum in longum porrectum vides, ac muro cinctum atrium pontificis Danubium vergit. Ultra prospicito et ad meridiem, ubi duo monasteria sanctimonialium altrinsecus posita sunt; a clericis et eorum officialibus sanctimonialiumque officinis, aliquibus mercatoribus intermixtis, urbis *regio secunda* incolitur, quae *Pagus* cleri *appellatur.* Ibi urbs antiqua, a Tiberio quondam augusto *munitissimis moeniis* inter *mellitos, ut sic dictum sit, rivulos et flumina satis pinguissima* constructa, quae antiquitus Tiburtina dicta fuerat, extremo vallo desinebat. Enimvero ab illo quem propter aspicis angulo totus et maximus muri ambitus — ab aurora incipiens, et per meridiem flexus atque ad occasum extensus, boreae plaga in Danubium se explicat — pro honore et reverentia huius loci protectoris, sancti Emmerami martyris, urbi adiectus est. Et haec est urbs nova dicta Ratispona."

9. Die Ermordung des Grafen Sigihard von Wasserburg

Ekkehardi Chronicon Universale, hg. von G. WAITZ, MGH SS VI (Hannover 1844) S. 225.

1104. Heinricus imperator natalem Domini Ratisponae celebravit. Cumque ibidem aliquandiu moraretur, orto quodam prius murmure inter Baioariae principes, eo quod Saxones vel Franci familiarius illic et honorabilius quam indigenae ab imperatore tractarentur, Sigihardus comes, qui huiusmodi suspitionem maxime notabat, cepit imperatori paulatim invisus haberi, propter hoc autem maxime, quod ipse solus pre cunctis qui tunc aderant principibus, abundantiori militum copia adducta, ad resistendum se, si forte de curia quicquam secus cederet, videbatur communisse. — Diebus post haec aliquot exactis, cum iam securior factus idem comes suorum turmas defluere permisisset, excitatur in illum, conspirantibus tam urbanis Ratisponensibus quam diversarum partium ministerialis ordinis hominibus, seditio furibunda, quae nullo modo, vel ipso imperatoris filio interveniente, sedari potuit, donec ab hora diei tercia usque ad horam nonam in hospicio obsessus, tandemque fractis foribus, ipse, prius confessione facta, sumpto etiam dominici sacramenti viatico, capite truncatus occubuit. De quo scelere supersedemus plura referre, presertim cum adhuc ultiones caeteraque mala sequentia versentur in oculis, et quem sint finem habitura, nequeamus scire. —

10. Honorius Augustodunensis über Regensburg

Ex Honorii imagine mundi, cum septem continuationibus, hg. v. R. WILMANS, MGH SS X (Hannover 1852) S. 132.

A Danubio usque ad Alpes est Germania superior que a germinando populos dicitur. Versus occasum Rheno, versus aquilonem Albio flumine terminatur. In hac est regio Suevia a Suevo monte dicta; hec et Alemannia ab Alamanno lacu apellata; hec et Retia dicta. In hac Danubius nascitur et 60 precipuis fluviis augetur et in septem ostia in mare Ponticum ut Nilus divisus ingreditur. Est in ea Noricus que et Bavaria, in qua est civitas Ratispona. Est et orientalis Francia, cui coniungitur Thuringia, quam sequitur Saxonia. Ab Albia fluvio est Germania inferior, que versus aquilonem oceano excipitur. In hac est Dania et Norweia. A Danubio, immo circa Danubium versus orientem usque ad mediterraneum mare est Messia, a messium proventu dicta. Deinde Panonia inferior et Vulgaria.

11. Regensburg und Saint Denis (1147)

Ex Odonis de Deogilo libro de via Sancti Sepulchri a Ludovico VII. Francorum rege suscepta, hg. von G. Waitz, MGH SS XXVI (Hannover 1882) S. 62.

Igitur Mettis, Warmasia, Wirceburgis, Ratispona, Batavia, civitates opulentissime, tribus diebus a se invicem distant... Ecce enim rex et imperator occurrerunt michi memoriae pariter Ratispone. Sed cum rex michi sit principalis materia, me cogunt tamen de imperatore pauca inserere facta eorum communia. Nostrum regem precessit Alemannus tempore locoque. Noster processit in pentecosten, ille in pascha; noster de Beato Dionisio movit pedem, ille de Ratispona.

12. Metropolis Bavariae

a) Ottonis episcopi Frisingensis chronica sive historia de duabus civitatibus, hg. von A. Hofmeister, MGH SS rer. Germ. XLV (Hannover-Leipzig [2]1912) S. 272, 349.

Lib. VI, XI. Porro Arnolfus totam orientalem Franciam, quod modo Teutonicum regnum vocatur, id est Baioariam, Sueviam, Saxoniam, Turingiam, Fresiam, Lotharingiam, rexit, occidentalem vero Odo ex eius auctoritate habuit. Concessit autem Zuendebaldo Marahensium regi ducatum Boemiae filiumque suum ex sacro fonte ab ipso levatum eius nomine Zuendebaldum vocavit. Dilexit vero prae ceteris regni sui locis metropolim Baioariae Ratisponam. Unde et muros eius ampliavit monasteriumque beati Emmerammi plurimis ornamentis adornavit ac largis possessionibus locupletavit. Tradunt ibi scriptumque monstrant, quod predictus rex sanctum Dyonisium a Galliis ad prefatum monasterium transtulerit. Quod utrum ita sit, ipsi viderint.

Lib. VII, XXV. Dum haec aguntur in Italia, Leopaldus marchio suscepto a rege ducatu Norico, omnibus pene baronibus ad eum pertinentibus amore seu terrore ultro ad eum confluentibus, primo metropolim ac sedem ducatus Ratisponam ditioni suae subdidit. Post collecto milite copioso totam Baioariam pertransiens in ipso eius termino iuxta Licum fluvium contra urbem Augustensem negotia terrae per triduum tractans strennui iudicis officium exercuit.

b) Ottonis et Rahewini, Gesta Friderici I imperatoris, hg. von B. v. Simson, MGH SS rer. Germ. XLVI (Hannover-Leipzig [3]1912) S. 151.

Lib. II, XLIII. Post haec mediante Octobre imperator Ratisponam, Norici ducatus metropolim, curiam celebraturus ingreditur, habens secum Heinricum Heinrici ducis filium in possessionem eiusdem ducatus mittendum. Haec civitas super Danubium, qui unus trium famosissimorum fluminum in Europa a topografis dicitur, ex ea parte, qua predicto amni duo navigabilia, Reginus scilicet et Naba, illabuntur flumina, posita, eo quod ratibus oportuna bonaque sit, vel a ponendo ibi rates Ratisbona vel Ratispona vocatur, Baioariorum quondam regum, modo ducum sedes. Venerunt ad eam curiam Arnaldus Maguntinus archiepiscopus et predictus Herimannus Rheni palatinus comes, uterque de altero querimoniam facientes. Denique manente in Italia principe totum pene Transalpinum imperium seditionibus motum, ferro, flamma publicisque congressionibus turbatum, absentiam sui sensit presulis. Inter quos hi duo principes, tanto ad nocendum efficaciores quanto fortiores, totam pene Rheni provinciam et precipue Maguntinae civitatis nobile territorium preda, caede et incendiis commacularant. Igitur sedente ibi in publico consistorio imperatore iam sepe nominatus Heinricus dux possessionem suam patrumque suorum recipit sedem. Nam et proceres Baioariae hominio et sacramento sibi obligantur, et cives non solum iuramento, sed etiam, ne ullam vacillandi potestatem haberent, vadibus obfirmantur.

13. Regensburg um 1160

Gesta archiepiscoporum Salisburgensium, Vita Eberhardi, hg. von W. Wattenbach, MGH SS XI (Hannover 1854) S. 82.

9. Interea [Eberhardus Archiepiscopus Salisburgensis] more suo pacem reficere in Ratisbona laborabat populosissima urbe; neque enim apud Germaniam populosiorem urbem tametsi latiorem, testantur qui norunt. Dux autem Bawarie, perspecta simplicitate Ymbripolensis episcopi, qui per subreptionem tunc prefuit, insaciabili avaricia maximum fiscum episcopii, id est castrum quoddam cum omnibus pertinentiis suis, usurpabat. Episcopus primo furere, obstrepere, coelum turbare, nil pensi habere, ab utroque totus pene episcopatus cepit incendiis et rapinis vastari. Urbani inter alterutros divisi abierant. Haec pater patriae anxius cum animo suo trahens, tum pro pace, tum maxime pro urbe ne lederetur satagebat, quoniam quidem haec mater provinciae, et aspectus eius in universam terram, et fructus omnium foret in ea. Dux obedientiam promittebat in omnibus, episcopi stulticiam piget exponere, quomodo maximum dampnum et confusionem quam utilitatem maluerit. Pater tamen a duce vitam captivis, remissionem urbi, memoriam aeternam labori suo optinuit.

14. Stupor Mundi: Friedrich II. kommt nach Regensburg (1235)

Gotifredi Viterbiensis Continuatio Funicensis et Eberbacensis, hg. von G. Waitz, MGH SS XXII (Hannover 1872) S. 348.

Cognita itaque imperator filii sui fraude et perfidia, quam contra se machinabatur, et miserabili pauperum oppressione et plurimorum subversione, qua propter sui contumeliam a rege et eius tortoribus affligebantur, festinavit quantum potuit ad Reni confinia, multisque principibus ei aput Ratisponam obviam occurrentibus, prout imperialem decuit maiestatem, procedens in magna gloria cum quadrigis plurimis auro argentoque onustis, bysso et purpura gemmis atque preciosa suppellectili, cum camelis mulis atque dromedis, Sarracenos quoque multos et Ethyopes diversarum arcium noticiam habentes cum symiis et leopardis, pecunias et thesauros suos custodientes secum adducens, in multitudine copiosa principum et exercitus Winpiam usque pervenit. Tunc conturbati sunt coadiutores regis Heinrici, robustos eius optinuit tremor, formido et pavor nimius irruit super omnes fautores eius pre magnitudine glorie et potencia imperatoris.

15. Der Mordanschlag auf Konrad IV.

a) Hermanni Altahensis Annales, hg. von Ph. Jaffe, MGH SS XVII (Hannover 1861) S. 395.

1251. Chunradus rex nativitate Domini Ratispone fuit. Ubi, quia iam possessiones episcopi et ministerialium Ratisponensium incendiis vastaverat, dum in proxima nocte post festum innocentum in monasterio sancti Emmerammi dormiret, Chunradus de Hohenvels et alii ministeriales Ratisponenses quasi media nocte in cameram suam irruperunt, et cum per exploratoris dicta non plures quam regem cum quatuor sociis suis in ipsa dormire putarent, duobus occisis et tribus captis, credebant se occidisse ipsum regem. Set noctu sextus fortuito casu supervenerat, et loco ipsius interfectus est. Rex autem, latitans sub scamno, valde miraculose imminens periculum mortis evasit. Propter quod factum, quia Ulricus abbas eiusdem facti suspectus etiam habebatur, dictum monasterium rex et dux in prediis et edificiis multiformiter offenderunt. Venerant namque ministeriales cum episcopo suo; qui episcopus foras muros civitatis cum multis armatis eventum rei sollicitus exspectabat. Subsequenter circa festum epyphanie rex Boemie filium suum in Bawariam cum exercitu destinavit, qui in marchia Chambensi multas villas rapinis et incendiis vastavit. Interea mors imperatoris propalatur, et Chunradus rex ad partes Rehni festinat.

b) Continuatio Garstensis, hg. von W. Wattenbach, MGH SS IX (Hannover 1851) S. 599.

1251. Fridericus quondam imperator sed excommunicatus et depositus, persecutor ecclesie, in scismate magno sed sub penitentia cordis et confessione oris et recognoscentia sue culpe, militiam temporalem deposuit, claudens diem vite. Item eodem anno quidam ministerialis episcopi Ratisponensis dictus de Hohenvelse, ob graciam ecclesie regem Chunradum in camera sua in qua dormivit apud monasterium sancti Emmerammi, nocte adgrediens et ianuas infringens ipsum occidere disponebat; sed cum essent plures in camera et illi capti et occisi fuissent, illo credente regem occisum inter alios, deceptus abiit: rege sub quodam pancho mirabiliter evadente.

16. Regensburg am Ausgang des 13. Jahrhunderts

Hermanni Altahensis Annales, Continuatio Ratisbonensis, hg. von Ph. Jaffe, MGH SS XVII (Hannover 1861) S. 417–419.

Anno Domini 1284. cives Ratisponenses ceperunt edificare antemuralia civitatis sue, opus decorum et forte munimentum. Et a clero civitatis eiusdem pro eodem opere contribucionem cum multa instancia exigebant. Set Adolfus rex Romanorum eodem tempore, videlicet infra pascha et pentecosten, veniens Ratisponam, et proponente sibi Heinrico Ratisponensi episcopo hanc exaccionem cognoscens, eosdem cives per se ipsum et consiliarios suos exhortatus est et monuit, ut nichil a clero ratione huius operis exigerent, set eum consueta et concessa a Deo et Romanis principibus gaudere permitterent libertate. Renovaverat siquidem eidem clero ad petitionem eiusdem Heinrici Ratisponensis episcopi nuper ante apud Franchenfurt quoddam privilegium olim Friderici Romanorum imperatoris, quod incipit: Ad decus et decorem et fere de verbo ad verbum in libro usus feodorum est expressum, quod multam et maximam libertatem cleri continet, penasque infligit gravissimas hiis, qui contrarium eidem privilegio ausi fuerint attemptare. Quod privilegium in presencia sua per Heinricum Brixiensem episcopum eisdem civibus legi fecit. Unde ipsi cives ab eadem exaccione cessaverunt, et permiserunt usque adhuc clerum gaudere debita libertate.

Anno Domini 1296, 7. Kalend. Augusti Heinricus Ratisponensis episcopus dictus de Rotenekke moritur. Postquam enim in die beati Iacobi apostoli, quem speciali consuevit venerari honore, cum multa devocione missarum sollempnia personaliter celebrasset et cum clero et populo se in mensa refecisset, hora vesperarum incepit subito viribus corporis destitui; et sic in die altera expiravit. Qui mire providencie et sagacitatis extitit, in tantum eciam, quod anniversarium suum vivus et sanus plus quam ad quatuordecim annos ante mortem suam instituit, et eiusdem celebracioni cum candelarum accensione et pulsacione, que consuevit fieri in funere episcopi, vigiliis et missis annis singulis interfuit. Sepulchrum similiter sibi longe ante ad 12 annos fabricavit et previdit iuxta altare beate Virginis in maiori, veteri tamen, ecclesia Ratisponensi. Trucam eciam, in qua sepeliri debuit, cum vestibus funeralibus ibidem inpositis in memoriam continuam mortis sue per eosdem annos habuit locatam a latere lecti sui. Item in spiritualibus mirabiliter providus extitit, non solum vetera statuta servando, immo et multa nova salubriter condendo. Musicam primus in choro Ratisponensi cantari ordinavit, libros eiusdem artis secundum cantus et chori consuetudinem providendo. Ecclesiam Ratisponensem eciam multis preciosis dechoravit ornamentis, crucibus, calicibus aureis et argenteis, gemmis preciosis insertis, cappis, casulis, dalmaticis, vexillis, cortinis, libris et aliis, quibus fuit ante sua tempora quodammodo omnimodis destituta. Item primus Latinum vinum canonicis ad prebendam quibusdam certis temporibus dari instituit, prebendam eciam eorum in multis auxit; monasteria monachorum et monialium sepe cum multa providencia visitavit, et invenire non possum, quid ei in temporalibus et spiritalibus defuerit. Qui tempore suo adeo discordancium factus est reconciliacio, quod non solum Bawaria, immo et vicine terre per suam industriam et laborem pacis pulchritudine floruerunt. Rexit autem Ratisponensem ecclesiam 19 annis. Eodem anno in die beati Petri ad vincula electus est in Ratisponensem episcopum dominus Chunradus de Luppurch, vir ingenuus, tunc Ratisponensis prepositus, in mansuetudine ac pietate Moysi coequalis.

Eodem anno [1298] civitas Pataviensis se domino suo Pataviensi episcopo Wernhardo opposuit. Et tam episcopus quam canonici civitatem exeuntes, eam per excommunicacionem in certas personas et interdictum in locum spiritaliter, et eciam per machinas a monte sancti Georii et aliis modis, licet non multum fortiter, eosdem cives civiliter inpugnarunt. Volebant enim predicti cives habere magistrum civium, consules et rectores civitatis a se electos, et sigillum speciale; et campanas iam erexerant ad eorum consilium convocandum. Et sic intendebant more regalium civitatum, utpote Ratispone, non regi mandatis episcopi, sicut ante consueverant, set propriis rectoribus et magistro ... Et aput Babbenberch et eciam Emberch contigit illud idem. Cives tamen Ratisponenses, suam volentes honorare civitatem, ipsos Iudeos absque iudicio occidi et destrui vetuerunt, dicentes, quod voluntati Dei in Iudeorum interfectione nollent resistere, set expectare, donec de hoc, quod hec vindicta esset a Domino, eis fieret maior fides. Et sic Iudei Ratisponenses, licet cum multa difficultate, usque hodie incendium evaserunt.

17. Die Donau verläßt ihr Bett

Eberhardi archidiaconi Ratisponensis annales, hg. von Ph. Jaffe, MGH SS XVII (Hannover 1861) S. 600.

Anno Domini 1304. cum aqua Danubii transiens per pontem Ratisponensem omnino versus litus aquilonare declinasset, et litora prope civitatem sicca et arida reliquisset, cives Ratisponenses artificiose et multis laboribus et expensis ipsam aquam, ut iterum prope civitatem flueret, ad loca pristina per strues lignorum et congeries lapidum reduxerunt. Mortuus est autem predictus in octava apostolorum Petri et Pauli, anno apostolatus sui primo, in civitate Perusii.

18. Die vier Städte der Christenheit

Die Gesta Caroli Magni der Regensburger Schottenlegende, hg. von A. Dürrwaechter (Bonn 1897), S. 145–147.

Ex antiquis temporibus quattuor principales civitates esse videntur, quae subgaudent privilegio unius libertatis ac iuris unius, que nulli homini servierunt vel subsunt, preterquam apostolice auctoritati ac imperiali maiestati, quarum prima est Roma, alia Treveris, tercia Colonia ac Ratispona que quarta. Roma quidem sita est in Tussia iuxta fluvium Tiberim, Treveris in Luteringia iuxta fluvium Mosolam, Colonia super fluvium Rheni, Ratispona, civitas Bavarie, super flumen Danubii, quod quattuor portis intrat in mare. Roma, ut predixi, sita est in Affrica, Treveris, Colonia ac Ratispona site sunt in Europa, de quibus civitatibus est ad presens tacendum.

Recursum breviloquum habeamus ad Ratisponam civitatem seu urbem preclaram, prout in legendis antiquis et cronicis evidencius est repertum. Ratispona est civitas antiqua, antiquitus nominata Civitas Quadratorum Lapidum, quia munita fuit de quadratis lapidibus magnis et politis undique, ut apparet hodie in eiusdem muri parietibus, habundans gloria et diviciis, in pompa vestium et robustorum murorum fortitudine, auri et argenti habundancia, usque ad tempus Karoli regis Magni licet pagani eam inhabitabant.

19. Regensburg und Ludwig der Bayer

a) Anonymi Ratisbonensis [Hieronymus Streitel] Farrago Historica rerum Ratisponensium, hg. von F. A. Oefele, Rer. Boic. SS II (Augsburg 1763) S. 507.

MCCCXXXIIII.

In die S. Panthaleonis in porta S. Emmerami Ratisponæ depositum est tectum de parvula turri parrochiali & illic specula constructa, in qua Ludovicus ejus nominis Quartus Romanorum Imperator personaliter desidens, per Capellanos suos sancta insigna Imperialia ostendit populo, quæ cum essent numero CXX. ostensa sunt tantummodo hæc; Lancea Salvatoris nostri Jhesu Christi, clavus unus de ligno sanctæ Crucis ad longitudinem unius palmæ, Brachium S. Annæ, Dens S. Joannis Baptistæ, Corona aurea S. Caroli Magni Romanorum Imperatoris & gladius ejus, qui sibi fuerat oblatus ab Angelo, gladius & lancea S. Mauritii M.

MCCCXXXVII.

Ludovicus IIII. ab Augusto CI. Imperator litem habuit cum civitate Ratisbona, quam cum per plurimos annos expugnare non posset, tandem cum scitu & juvamine quorundam civium etiam potentum utpote consulum in domo Ducum Bavariæ apud S. Egidium fecit foramen sub terra, Ipse laborando ab extra, civibus juvantibus ab intra intendens per hoc foramen civitatem intrare & eam obtinere, sed frustra. Nam ea die qua per foramen semper duo & duo debebant intrâsse civitatem, foramen fuit inventum, in cujus rei signum in eo loco quo foramen fuit factum, lapis impositus est muro, continens inscriptionem quæ sequitur:

Anno Domini MCCCXXXVII. des Erichtags vor Sant Urbans Tag ward das Loch funden, und zwen darinnen gefangen, die das Loch grueben, und wurden des nechsten Erichtags darnach an die Zinnen gehangen.

b) Annales Ensdorfenses, MGH SS X (Hannover 1852) S. 7.

1337. Hoc anno Ratispona fuit a quibusdam perfidis civibus clanculo suffossa et Ludvico cesari tradita; set Dei gracia et beatorum pontificum Wolfgangi et Erhardi meritis a tanto periculo sunt salvati.

20. Die heilige Stadt

Andreas von Regensburg, Sämtliche Werke, hg. von G. Leidinger, QE NF I (München 1903) S. 8, 9.

Anno effusionis sangwinis Christi pro salute generis humani Ratispona metropolis Bavarie a Tyberio conditur et Tyburnia vel, ut quidam dicunt, Tyberina nominatur. Ubi advertendum, sicut colligitur ex cronica magistri Conradi de Monte puellarum canonici Ratisponensis ecclesie, qui floruit tempore Karoli IV. serenissimi Romanorum imperatoris et Bohemie regis, quod quatuor sunt civitates libertatibus Romanorum principum singulariter pre aliis civitatibus christiane religionis dotate liberaliter et exempte, sic quod non recognoscunt sibi dominos neque ulli homini serviunt aut subsunt nisi apostolice auctoritati et imperatorie maiestati. Quarum prima est Roma sita iuxta fluvium, qui Tyberis dicitur, secunda est Treveris sita iuxta fluvium, qui Mosola nominatur, in qua corpus S. Mathie apostoli requiescit, tercia est Colonia iuxta fluvium Reni situata, quarta civitas est nostra Ratispona in provincia Bavarie iuxta flumen, quod Danubius nuncupatur, fundata et corporibus sanctorum tamquam margaritis candidissimis ornata.

Versus:

Gaude, Ratispona, super excellencia dona.
Concludis duo bis in te gratissima nobis
Corpora sanctorum. Sacer est Dyonisius horum
In numero primus, Emmerammus laude nec imus,
Wolfgangus, Erhardus, neuter medicamine tardus.
Quatuor istorum precibus necnon aliorum
Hic contentorum ducamur ad astra polorum.

Hec civitas Ratispona septinomia, id est septem nomina habens, reperitur, quibus ipsa per cronicas claret in libertatibus et iuribus suis. Dicitur enim antiquitus Tiburnia a Tiberio Augusto, qui fundaverat eam. Et dicitur Quadrata, quoniam ex lapidibus quadratis muri eius a principio fundati fuerant vel quia non orbicularem, sed quadratam habebat figuram in ambitu seu circumferencia murorum ipsius, sicut hodie cernitur in reliquiis murorum veterum apparentibus in ea. Dicitur tercio Ratispona, quia, cum excrevisset honoribus et diviciis, mercimonia ibi confluebant quam plurima et undecunque navibus seu ratibus afferebantur, rates huiusmodi ibidem in porticu deponebantur, vel ideo, quia, priusquam pons ibi super Danubio fieret, rates crebro propter multitudinem negociorum frequentabantur transitu et accessu, vel quia Karolus Magnus, cum debellaturus esset populum eiusdem civitatis, rates ibidem super Danubio fluvio propter exercitus suos transituros crebra congerie cumulabat, vel ideo Ratispona hodie dicitur, quia rate, id est firmiter, posita est et firmis edificiis roborata. Quarto dicitur Hyatospolis, quod quidam dicunt Hyaspolis, cuius interpretacionem esse puto, quia olim longe rudior erat lingwa incolarum eiusdem civitatis, sicut hodie auditur in lingwa rusticorum per rura circumflua, qui ore multum hyante proferunt verba sua, unde hyatores merito dicuntur quasi hyantes ore. Inde Hyatospolis dicta est quasi hyancium ore polis, id est civitas, vel dicitur Hyatospolis quasi hyancium aquarum civitas. In latere namque ipsius aquilonari tres fluvii grandes et hyantes confluunt, videlicet Danubius, Naba et Ymber. Dicitur quinto Germanishaim a quodam Germano vel Germanico nomine, qui olim eidem prefuit civitati vel a Germanis populis, qui confluere ibidem multipliciter solebant. Sexto dicitur Reginopolis, quia reges et principes Romani olim in hac civitate celebrabant sue regie et imperatorie maiestatis sollempnitates, condebant et publicabant ibi leges et publice rei utilitates, unde hodie principum et prelatorum ecclesiasticorum et temporalium curtes et area domus regie intercluduntur muris civitatis eiusdem. Septimo dicitur Ymbripolis, quod nomen hodie habet communiter et non aliud in lingwa theutonica. Et dicitur Ymbripolis ab Ymbre fluvio, qui ad latus septentrionale dicte civitatis in sinum Danubii fluit statim nomen proprium amittens, cum pars sit facta Danubiana. Sic enim placuit nominis impositori. Et ut aliqui referunt, in fimbriis predicti confluxus olim incepta fuit eiusdem civitatis fundacio; igitur sic nominata est. Sed maturiore consilio ultra Danubium translata est ad litus Danubii australe sive meridianum. Ysidorus ethymologiarum libro 16. capitulo 15. rubrica de vitro: Ferunt sub Tyberio cesare quendam artificem excogitasse vitri temperamentum, ut flexibile esset et ductile . . .

INDEX

PERSONEN, ORTE, QUELLEN

Die mit einem Stern versehenen Seitenangaben verweisen auf Nennungen in den Anmerkungen der entsprechenden Seiten, bei Quellen ist auch die Nummer der Anmerkungen angegeben.

A

B

C

G

H

I

J

K

L

M